Ramona Fritzsche

Erstellung eines Grobkonzeptes zur EDV-gestützte
-abrechnung

I0007054

Ramona Fritzsche

Erstellung eines Grobkonzeptes zur EDV-gestützten Instandhaltungsplanung und -abrechnung

Diplom.de

Bibliografische Information der Deutschen Nationalbibliothek:

Bibliografische Information der Deutschen Nationalbibliothek: Die Deutsche Bibliothek verzeichnet diese Publikation in der Deutschen Nationalbibliografie; detaillierte bibliografische Daten sind im Internet über http://dnb.d-nb.de/ abrufbar.

Copyright © 1997 Diplomica Verlag GmbH
Druck und Bindung: Books on Demand GmbH, Norderstedt Germany
ISBN: 978-3-8386-0689-7

http://www.diplom.de/e-book/216617/erstellung-eines-grobkonzeptes-zur-edv-gestuetzten-instandhaltungsplanung

Ramona Seidel

Erstellung eines Grobkonzeptes zur EDV-gestützten Instandhaltungsplanung und -abrechnung

Diplomarbeit
an der Hochschule Mittweida (FH)
Dezember 1997 Abgabe

Diplomarbeiten Agentur
Dipl. Kfm. Dipl. Hdl. Björn Bedey
Dipl. Wi.-Ing. Martin Haschke
und Guido Meyer GbR

Hermannstal 119 k
22119 Hamburg

agentur@diplom.de
www.diplom.de

ID 689
Seidel, Ramona: Erstellung eines Grobkonzeptes zur EDV-gestützten
Instandhaltungsplanung und -abrechnung / Ramona Seidel · Hamburg: Diplomarbeiten
Agentur, 1998
Zugl.: Mittweida, Fachhochschule für Wirtschaft und Technik, Diplom, 1997

Dipl. Kfm. Dipl. Hdl. Björn Bedey, Dipl. Wi.-Ing. Martin Haschke & Guido Meyer GbR
Diplomarbeiten Agentur, http://www.diplom.de, Hamburg
Printed in Germany

Diplomarbeiten Agentur

Wissensquellen gewinnbringend nutzen

Qualität, Praxisrelevanz und Aktualität zeichnen unsere Studien aus. Wir bieten Ihnen im Auftrag unserer Autorinnen und Autoren Wirtschafts-studien und wissenschaftliche Abschlussarbeiten – Dissertationen, Diplomarbeiten, Magisterarbeiten, Staatsexamensarbeiten und Studien-arbeiten zum Kauf. Sie wurden an deutschen Universitäten, Fachhoch-schulen, Akademien oder vergleichbaren Institutionen der Europäischen Union geschrieben. Der Notendurchschnitt liegt bei 1,5.

Wettbewerbsvorteile verschaffen – Vergleichen Sie den Preis unserer Studien mit den Honoraren externer Berater. Um dieses Wissen selbst zusammenzutragen, müssten Sie viel Zeit und Geld aufbringen.

http://www.diplom.de bietet Ihnen unser vollständiges Lieferprogramm mit mehreren tausend Studien im Internet. Neben dem Online-Katalog und der Online-Suchmaschine für Ihre Recherche steht Ihnen auch eine Online-Bestellfunktion zur Verfügung. Inhaltliche Zusammenfassungen und Inhaltsverzeichnisse zu jeder Studie sind im Internet einsehbar.

Individueller Service – Gerne senden wir Ihnen auch unseren Papier-katalog zu. Bitte fordern Sie Ihr individuelles Exemplar bei uns an. Für Fragen, Anregungen und individuelle Anfragen stehen wir Ihnen gerne zur Verfügung. Wir freuen uns auf eine gute Zusammenarbeit

Ihr Team der *Diplomarbeiten* Agentur

Dipl. Kfm. Dipl. Hdl. Björn Bedey –
Dipl. Wi.-Ing. Martin Haschke ——
und Guido Meyer GbR ————

Hermannstal 119 k ——————
22119 Hamburg ——————

Fon: 040 / 655 99 20 ————
Fax: 040 / 655 99 222 ————

agentur@diplom.de ——————
www.diplom.de ————

I Referat

Seidel, Ramona:

Erstellung eines Grobkonzeptes zur EDV-gestützten Instandhaltungsplanung und -abrechnung, 1997

Ziel dieser Diplomarbeit ist es, die Instandhaltung der Muster Papierfabrik zu verbessern. Für die in der Ist-Analyse erkannten Probleme werden Lösungsmaßnahmen entwickelt. Dabei wird sowohl die aktuelle Situation als auch der Trend zur Fremdinstandhaltung berücksichtigt. Das Ziel der Arbeit wird vor allem durch Computerunterstützung und eine effizientere Ablauforganisation verfolgt. Abschließend werden zukünftige Aufgaben für die Schaffung von Wettbewerbsvorteilen durch wirtschaftliche Instandhaltung benannt.

II Vorwort

Das Thema dieser Arbeit entstand aufgrund der Unzufriedenheit der Geschäftsleitung der Muster Papierfabrik mit der Instandhaltung. Das persönliche Ziel hieß, mit der Diplomarbeit einem Unternehmen bei der Lösung eines Problems zu helfen und gleichzeitig Praxiswissen zu erwerben. Da die Möglichkeit gegeben war, mit diesem Thema die oben genannten Ziele verwirklichen zu können, stellte sich die Aufgabe, die Instandhaltungsplanung und -abrechnung durch Computerunterstützung zu verbessern. Während der Ist-Analyse der Instandhaltung, stellte sich jedoch heraus, daß nicht nur die Planung und Abrechnung ein Problem in der Instandhaltung darstellten. Weitere Schwachstellen wurden sichtbar. Aufgrund dessen veränderte sich die Aufgabenstellung der Diplomarbeit. Es galt nun, auch auf Probleme einzugehen, die im Vorfeld einer computergestützten Instandhaltung gelöst werden müssen. Zu den Schwierigkeiten, die allein mit der Instandhaltung in Verbindung standen, kamen ständig neue Veränderungen innerhalb des Unternehmens. Diese bezogen sich vor allem auf die Organisationsstruktur. Aber auch die fragliche Zukunft der Muster Papierfabrik brachte so manche Unsicherheiten bei der Bearbeitung des Themas mit sich. Abschließend kann jedoch festgestellt werden, daß zumindest versucht wurde, möglichst jede Änderung in dieser Arbeit zu berücksichtigen. Die gesteckten Ziele konnten verwirklicht werden. Im Laufe der Arbeit war es möglich, Praxiswissen zu erwerben und wertvolle Erfahrungen zu sammeln. Die Diplomarbeit trägt zur Lösung der Probleme in der Instandhaltung bei. Aufgabe der Geschäftsleitung ist es nun, sich für die Umsetzung der Lösungsvorschläge einzusetzen.

Zum Ende meiner Diplomarbeit möchte ich mich für die besonders gute Betreuung durch meinen Erstprüfer Herrn Prof. Dr. rer. comm. Jesenberger und meinen betrieblichen Mentor Herrn Dipl.-Ing. Mustermann, Martin herzlich bedanken. Mein Dank gilt auch meinem Freund und Frau Müller, die mir stets moralischen Beistand gaben. Weiterhin möchte ich meiner Schwester, die die Korrekturlesung übernommen hat, Dank aussprechen. Für die finanzielle Unterstützung, ohne die mein gesamtes Studium nicht möglich gewesen wäre, danke ich meinen Eltern.

III Inhaltsverzeichnis

IV Abbildungsverzeichnis

V Tabellenverzeichnis

VI Abkürzungsverzeichnis

1 Instandhaltung im Blickpunkt einer mittelständischen Papierfabrik

1.1 Muster Papierfabrik

1.1.1 Entwicklungsgeschichte

[ ]

Die Produktpalette ist groß und enthält unter anderem Zeitungsdruckpapier, Tabellierpapier, Tapetenrohpapier, Recyclingpapiere, Tissuewatte, Papiertaschentücher und Küchenrollen. Die Herstellung dieser Produkte erfordert einen 4-Schichtbetrieb, da die Papiererzeugung einen Fertigungsprozeß darstellt. [1]

Die Instandhaltung der Maschinen und Anlagen der Muster Papierfabrik wird von den Werkstätten der eigenen Instandhaltungsabteilung und von Fremdfirmen vorgenommen. Eine Fremdfirma, das Instandhaltungsunternehmen, nimmt dabei eine besondere Stellung ein. Zwischen ihr und der Papierfabrik besteht ein Dienstleistungs- und Instandhaltungsvertrag. Dieser entstand aufgrund der Ausgliederung der Schlosserei der Muster Papierfabrik , Mitte des Jahres 1994. Das Instandhaltungsunternehmen unterhält zur Erfüllung der Instandhaltungsleistungen einen Service-Stützpunkt in Musterstadt: die Instandhaltungsniederlassung.

1.1.2 Aufbauorganisation

Zur Muster Papierfabrik gehören zwei Tochtergesellschaften: das Taschentuch-Tochterunternehmen (17 Beschäftigte) und das Energie-Tochterunternehmen (7 Beschäftigte). Die Beteiligung der Muster Papierfabrik an dem Taschentuch-Tochterunternehmen beträgt 50 %. An dem Energie-Tochterunternehmen ist die Muster Papierfabrik zu 51 % beteiligt. In dem Systemverbund der drei Unternehmen findet ein Leistungsaustausch untereinander statt. Das Taschentuch-Tochterunternehmen stellt zum Teil Taschentücher für die Muster Papierfabrik her. Das Energie-Tochterunternehmen betreibt ein erdgasbefeuertes Kraftwerk

---

[1] Vgl. : Ebenda, S. 11

und liefert der Muster Papierfabrik Wärmeerzeugung und Strom. Die Muster Papierfabrik erbringt Verwaltungsleistungen für beide Tochterunternehmen.

Im Moment befindet sich die Muster Papierfabrik in einer Phase der Um- und Neugestaltung. Seit dem 01. Juli 1997 wird das Unternehmen von einem neuen Vorstandsvorsitzenden geführt. Die Bauabteilung wurde zum 30. Juni 1997 ausgegliedert. Das am 01. Juli 1997 gegründete Bau-Tochterunternehmen, zu der seit dem 30. Juli 1997 auch die ehemalige Klempnerei[2] gehört, erbringt nunmehr die erforderlichen Leistungen für die Papierfabrik. Die Organigramme der Muster Papierfabrik stellten sich zum 22.08.1997 wie folgt dar:

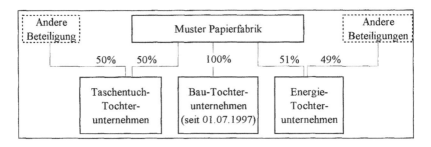

Abbildung 1: Die Muster Papierfabrik und ihre Tochterunternehmen[3]

Abbildung 2: Der Vorstand der Muster Papierfabrik und seine Bereiche[4]

---

[2] Im Unternehmen werden die Begriffe Klempnerei und Kupferschmiede synonym für ein und dieselbe Werkstatt verwandt.
[3] Von der Verfasserin.
[4] Firmenschrift: Muster Papierfabrik : Handbuch, Musterstadt 12.03.1997, S. 3

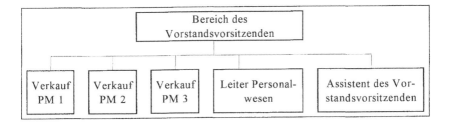

Abbildung 3: Bereich des Vorstandsvorsitzenden[5]

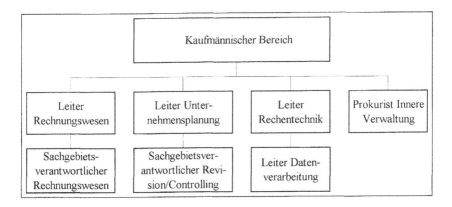

Abbildung 4: Kaufmännischer Bereich[6]

---

[5] Musterfrau, Martina: Interne Mitteilung. Vorliegende Diplomarbeit, Musterstadt 10.11.1997
[6] Vgl. : Firmenschrift: Muster Papierfabrik : Handbuch, S. 5

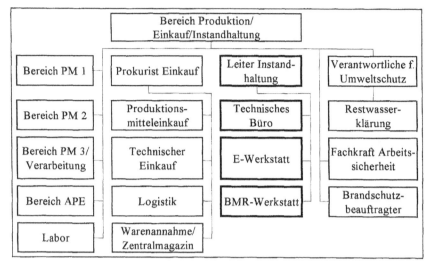

Abbildung 5: Bereich Produktion/Einkauf/Instandhaltung[7]

Die Instandhaltungsabteilung der Muster Papierfabrik ist in den Bereich Produktion/Einkauf/Instandhaltung eingegliedert (Abbildung 5). Dem Leiter der Instandhaltung unterstehen zur Zeit das Technische Büro, die Elektrowerkstatt und die Werkstatt für Betriebs-, Meß- und Regeltechnik.

1.1.3 Unternehmensziele

Die Muster Papierfabrik verfolgt drei Unternehmensziele: die Gewinnmaximierung und damit verbunden den Umweltschutz und die Kundenzufriedenheit. Viele Möglichkeiten werden genutzt, um dem Umweltschutz gerecht zu werden. So wird unter anderem kein Holz mehr zur Papierherstellung verwendet. [ ] Frischwasser ist nur in geringen Mengen erforderlich, da es einem geschlossenen Kreislauf zugeführt wird. Außerdem wird die Sauberkeit des zurückgeführten Wassers durch eine zur Zeit noch im Bau befindliche biologische Kläranlage weiter verbessert. Wärme, die während bestimmter Produktionsabschnitte entsteht, wird dem Produktionsprozeß an der Stelle, an der sie benötigt wird, wieder zugeführt. Um das Ziel

---

[7] Mustermann, Martin; Mustermann, Max: Interne Mitteilung. Vorliegende Diplomarbeit, Musterstadt 22.08.1997

Kundenzufriedenheit zu erreichen, ist die Muster Papierfabrik stets um beste Qualität bemüht. Durch die Flexibilität des mittelständischen Unternehmens gelingt es, auch kleinere und kurzfristige Aufträge zu erfüllen. Diese Flexibilität stellt einen großen Vorteil gegenüber größeren Papierherstellern dar.

Die Instandhaltung trägt mit ihren beiden Hauptzielen: der Sicherstellung der Anlagenverfügbarkeit und der Gewährleistung des Substanzerhalts zur Erreichung der Unternehmensziele bei.

1.2 Aufgaben und Ziele der Arbeit

1.2.1 Instandhaltungsplanung und -abrechnung verbessern

Die Aufgabe dieser Arbeit besteht darin, die Instandhaltungsabteilung der Muster Papierfabrik auf den Einsatz eines Instandhaltungsprogrammes vorzubereiten. Dabei soll die Planung und Abrechnung der Instandhaltungsleistungen verbessert werden. Um diese Aufgabe erfüllen zu können, sind mehrere Schritte zu vollziehen.

Zuerst ist der Ist-Zustand der Instandhaltung festzustellen. Dabei gilt es,

1. die Unternehmens- und Instandhaltungsziele,
2. die Instandhaltungsstrategie,
3. die Einordnung der Instandhaltung in die Unternehmenshierarchie,
4. die Art und Anzahl der Instandhaltungsaufträge,
5. den Umfang der Instandhaltungsaufträge,
6. den Ablauf von Instandhaltungsaufträgen,
7. die Abrechnung der Instandhaltungsleistungen,
8. sowie die Schnittstellen der Instandhaltung zu anderen Abteilungen zu analysieren.

Vorhandene Schwachstellen sind hinsichtlich ihrer Ursachen zu untersuchen. Anschließend sollen geeignete Maßnahmen zur Beseitigung der Schwachstellen gefunden und der anzustrebende Sollzustand beschrieben werden.

1.2.2 Wettbewerbsvorteile schaffen

Ziel dieser Arbeit ist es, den späteren Einsatz von Instandhaltungssoftware in der Muster Papierfabrik zu erleichtern und gleichzeitig deren Wettbewerbsposition zu verbessern. Mit Hilfe der Neugestaltung sollen folgende Kosten-, Qualitäts-, Zeit- und Umweltziele verwirklicht werden:

- Optimierung der Instandhaltungskosten,
- Verringerung der Anlagenausfallkosten,
- Erhöhung der Produktqualität,
- Reduzierung der ungeplanten Ausfälle bei Engpaßanlagen,
- Verkürzung der Ausfallzeit durch geplante Instandhaltungsmaßnahmen,
- Erhöhung der Anlagenverfügbarkeit,
- Vermeidung von umweltbeeinflussenden Störfällen und
- Senkung des Energieverbrauchs durch Erkennung und Beseitigung von Leckstellen.[8]

Zur Realisierung dieser Ziele sind Maßnahmen einzuleiten, die u.a. die Durchlaufzeit von Instandhaltungsaufträgen verkürzen, die Transparenz der Instandhaltungsaufträge erhöhen und deren zeitnahe Kontrolle sowie verursachungsgerechte Abrechnung ermöglichen.

1.3 Instandhaltung

1.3.1 Begriff

Unter dem Begriff Instandhaltung werden in der DIN 31 051 alle „Maßnahmen zur Bewahrung und Wiederherstellung des Sollzustandes sowie zur Feststellung und Beurteilung des Istzustandes von technischen Mitteln eines Systems.“[9] verstanden. Dementsprechend umfaßt die Instandhaltung alle Maßnahmen der Wartung, Inspektion und Instandsetzung. Mit Hilfe der Wartung wird der Sollzustand von Betriebsmitteln bewahrt und somit die Lebensdauer verlängert. Sie umfaßt u.a. die Reinigung und Schmierung von Betriebsmitteln, als auch den

---

[8] Vgl. : Behrenbeck, Klaus Rainer: DV-Einsatz in der Instandhaltung: Erfolgsfaktoren und betriebswirtschaftliche Gesamtkonzeption, Wiesbaden 1994, S. 208

6

Wechsel von Hilfsstoffen und Kleinteilen. Durch die Inspektion wird der Istzustand einer Anlage festgestellt, mit dem Sollzustand verglichen und beurteilt. Für den Vergleich von Ist- und Sollzustand sind gleiche Betriebs- und Umweltbedingungen Grundvoraussetzung. Sie haben erheblichen Einfluß auf die Qualität des Inspektionsergebnisses. Wurden durch eine Inspektion Abweichungen, die außerhalb des Toleranzbereiches liegen, festgestellt, müssen Instandsetzungsmaßnahmen eingeleitet werden. Die Instandsetzung stellt den Sollzustand des Betriebsmittels wieder her. Sie kann aufgrund eines bestimmten Betriebsmittelzustandes, in festgelegten Intervallen oder durch eine Störung bedingt, erforderlich sein. [10]

Warnecke beschränkt die Instandhaltung nicht nur auf Wartung, Inspektion und Instandsetzung. Er versteht unter Instandhaltung neben präventiven und kurativen auch perfektive[11] und adaptive[12] Maßnahmen. In der vorliegenden Arbeit soll diesem erweiterten Begriff der Instandhaltung gefolgt werden. [13]

1.3.2 Ziele und Aufgaben

Die Instandhaltung verfolgt entsprechend der VDI-Richtlinie 2895 „folgende Ziele:

- Einhaltung des Umweltschutzes
- Erhöhung und Sicherung der Nutzung von Betriebsmitteln (z.B. Maschinen, Anlagen, Werkzeuge, Gebäude)
- Minimierung von Produktionsausfällen
- Minimierung von Instandhaltungsaufwand und -kosten
- Optimierung von Instandhaltungseinsatz und -kapazität
- Gewährleistung der Anlagenverfügbarkeit, Qualität, Sicherheit und Arbeitssicherheit

---

[9] Deutsches Institut für Normung e.V.: Norm DIN 31 051, Berlin Januar 1985, S. 1
[10] Vgl. : Warnecke, Hans-Jürgen (Hrsg.): Handbuch Instandhaltung: Instandhaltungsmanagement, Bd. 1, 2. Aufl., Köln 1992, S. 20f
[11] Anlagenverbesserung; Funktionserweiterung
[12] Anpassung der Instandhaltungsobjekte an veränderte Umweltbedingungen
[13] Vgl. : Warnecke, Hans-Jürgen (Hrsg): Handbuch Instandhaltung: Instandhaltungsmanagement, S. 9; Vgl. hierzu auch: Behrenbeck, Klaus Rainer: DV-Einsatz in der Instandhaltung: Erfolgsfaktoren und betriebswirtschaftliche Gesamtkonzeption, S. 6

- Einsatz moderner Technologie"[14]

Um die genannten Ziele zu erreichen, sind die Aufgaben

- Instandhaltungsziele und -strategien festlegen,
- Instandhaltungsaufwand und -kosten planen und kontrollieren (Budgetbildung und -einhaltung),
- Inspektion, Wartung und Instandsetzung,
- technische Daten und Maschinenlebensläufe dokumentieren,
- Schwachstellen ermitteln, analysieren und beseitigen,
- Anlagenveränderungen (perfektive und adaptive Maßnahmen) durchführen,
- Ersatzteilbewirtschaftung und
- Einbringen von Instandhaltungserfahrungen bei der Beschaffung von Betriebsmitteln und ihren Teilen

zu erfüllen. [15]

Wolfgang Becker schreibt zu diesem Thema: „Die Instandhaltung hat die Aufgabe, durch die Bewahrung und Wiederherstellung der Einsatzbereitschaft der technischen Anlagen die Wertschöpfungsfunktion einer Unternehmung sicherzustellen. Sie ist zwar nicht direkt produktionsbezogen tätig, erbringt jedoch Infrastrukturleistungen, die für den gesamten Wertschöpfungsprozeß einer Unternehmung erforderlich sind."[16]

---

[14] Verein Deutscher Ingenieure: VDI-Richtlinie 2895, Berlin März 1991, S. 3
[15] Vgl. : Ebenda, S. 3
[16] Bloß, Clemens: Organisation der Instandhaltung, Wiesbaden 1995, S. 1. Nach: Becker, Wolfgang: Erfolgspotentiale für ein effizientes Instandhaltungs-Management. In: Becker, Wolfgang: Modernes Instandhaltungs-Management, Wiesbaden 1994, Publikation in Vorbereitung.

Die Instandhaltung der Muster Papierfabrik verfolgt laut Aussage des Instandhaltungsleiters vorrangig die folgenden Ziele:

1. Gewährleistung der Substanzerhaltung,
2. Sicherung der Anlagenwirtschaftlichkeit und
3. Sicherstellung der Anlagenzuverlässigkeit, -leistungsfähigkeit und -verfügbarkeit.[17]

Die Anlagenzuverlässigkeit ist durch Ausfallzeit und -häufigkeit gekennzeichnet. Je seltener Anlagenausfälle auftreten und je kürzer diese sind, desto zuverlässiger arbeitet eine Anlage. „Die Verfügbarkeit einer Anlage hängt, ..., von der Zuverlässigkeit der Betrachtungseinheiten, von ihrer instandhaltungsfreundlichen konstruktiven Gestaltung, von der Betriebsweise, von verschiedenen organisatorischen Bedingungen sowie von der Durchführung entsprechender Instandhaltungsmaßnahmen ab."[18] Eine Anlage sollte nach Möglichkeit immer dann verfügbar sein, wenn sie zur Nutzung vorgesehen ist. Sowohl eine geringere als auch eine höhere Verfügbarkeit sind unwirtschaftlich. Die Leistungsfähigkeit einer Anlage hängt unter anderem von ihrer Verfügbarkeit ab. Sie drückt sich in Qualität und Quantität der hergestellten Produkte aus. Aus wirtschaftlichen Gründen sollte die Leistungsfähigkeit einer Anlage während ihrer Nutzungsdauer voll ausgeschöpft werden. Die Substanzerhaltung der Produktionsanlagen ist die Grundlage für deren Zuverlässigkeit, Verfügbarkeit und Leistungsfähigkeit. Sie ist nur so lange zweckmäßig, bis eine Ersatzinvestition ökonomisch sinnvoller ist.

Um die genannten Ziele zu erreichen, werden an den Produktionsanlagen Wartungen, Inspektionen, Instandsetzungen sowie Erweiterungen und Verbesserungen durchgeführt. Neben diesen typischen Instandhaltungsaufgaben hat die Instandhaltung jedoch auch eine Reihe von Aufgaben, die nicht im Zusammenhang mit der Produktion stehen, zu erfüllen.

---

[17] Vgl. hierzu auch: Firmenschrift: Muster Papierfabrik : Instandhaltungshandbuch Nr. 1, Musterstadt 13.06.1997, o. S.

[18] Warnecke, Hans-Jürgen (Hrsg.): Handbuch Instandhaltung: Instandhaltungsmanagement, S. 37

1.3.3 Bedeutung

Die Notwendigkeit der Instandhaltung ist in der unerwünschten Veränderung von Gegenständen begründet. Diese Veränderung kann durch Abnutzung, Verschleiß, Verfall oder Zerstörung hervorgerufen werden und ist nicht notwendigerweise vom Gebrauch der Gegenstände abhängig. Die Instandhaltung kann den Abnutzungsvorrat[19] eines Gegenstandes bewahren oder erneuern. Damit kann der Gebrauch dieses Gegenstandes über einen längeren Zeitraum gewährleistet werden.

Aufgrund zunehmender Technisierung, Automatisierung und Verkettung von Betriebsmitteln steigen die Anforderungen an die Instandhaltung ständig. Immer mehr hoch qualifizierte und spezialisierte Instandhalter werden erforderlich. Damit wird ein erhöhter Fremdleistungsanteil notwendig oder die Personalkosten steigen ins Unermeßliche. Der Ausfall einer einzigen verketteten Anlage kann zu einem kompletten Produktionsstillstand führen und damit enorme Kosten verursachen.[20]

Da die Instandhaltung für die Verfügbarkeit und die Zuverlässigkeit der Anlagen verantwortlich ist, hat sie erheblichen Einfluß auf die Anlagenausfallkosten und die Produktqualität. Weiterhin liefert sie einen großen Beitrag zum Schutz der Umwelt und zur besseren Rohstoffausnutzung. Damit verhilft die Instandhaltung ihrem Unternehmen zu wichtigen Wettbewerbsvorteilen.[21]

Wie soeben beschrieben, kommt der Instandhaltung große Bedeutung zu. Sie wird unter anderem durch die steigende Komplexität und immer neue Umweltgesetze weiterhin zunehmen. Allerdings wurde dies noch nicht überall erkannt, da sie für viele Unternehmen noch heute nur als Kostenfaktor gesehen wird. Um so wichtiger ist es, sich mit der Instandhaltung eingehend zu beschäftigen. Nur dadurch können Wettbewerbsvorteile, die durch eine gute Instandhaltung möglich sind, erkannt, geschaffen und ausgebaut werden.

---

[19] Vgl. dazu: Verein Deutscher Ingenieure e.V.: Norm DIN 31 051, Berlin Januar 1985, S. 3: „Im Sinne der Instandhaltung Vorrat der möglichen Funktionserfüllungen unter festgelegten Bedingungen, der einer Betrachtungseinheit aufgrund der Herstellung oder aufgrund der Wiederherstellung durch Instandsetzung innewohnt."
[20] Vgl. : Loss, Hans-Jürgen: Optimierung von Instandhaltungsstrategien durch rechnerunterstützte Betriebsdatenanalyse und -verarbeitung, Düsseldorf 1996, S. 1
[21] Vgl. : Ebenda, S. 1; Nicht zu vergessen ist der Nutzen der Instandhaltung für die Arbeitssicherheit.

Auch in der Muster Papierfabrik wurde bisher die Bedeutung der Instandhaltung für das Unternehmen unterschätzt. Diese Aussage stützt sich vor allem auf die folgende Tatsache. Die Produktion arbeitet im 4-Schichtbetrieb, so daß keine Möglichkeit besteht, Instandhaltungsmaßnahmen außerhalb der Fertigungszeit vorzunehmen. Dadurch ist besonders der Planung der Instandhaltungsmaßnahmen große Bedeutung beizumessen. Die Planung der Instandhaltungsmaßnahmen ist jedoch zu gering, was dazu führt, daß diese kaum rationell durchführbar sind. Aufgrund fehlender Planung und eventuell fehlender Ersatzteile kommt es zu sogenannten „Hau-Ruck"-Aktionen, die erheblich mehr Aufwand erfordern, als bei einer ordentlichen Vorplanung nötig gewesen wäre. Diese Situationen beinhalten für die Instandhalter ein erhöhtes Gefahrenpotential. Sie arbeiten unter enormem Zeitdruck, wodurch eine erhöhte Fehlerquote hervorgerufen wird.

Entsprechend des geringen Stellenwertes, den die Planung der Instandhaltungsmaßnahmen gegenwärtig hat, konnte es bisher kaum gelingen, Wettbewerbsvorteile durch die Instandhaltung auf- und auszubauen.

2 Ist-Analyse der Instandhaltung der Muster Papierfabrik

2.1 Instandhaltungsziele und -strategien

Wie bereits in Punkt 1.1.3 erläutert, verfolgt die Muster Papierfabrik vorrangig die folgenden Ziele:

- Gewinnmaximierung,
- Umweltschutz,
- Kundenzufriedenheit.

Diese Ziele setzen u.a. eine umweltschonende Fertigung, hohe Produktqualität und kurze Lieferzeiten voraus. Daraus lassen sich die Ziele der Instandhaltung ableiten:

- Sicherstellung der Anlagenzuverlässigkeit[22], -verfügbarkeit[23] und -leistungsfähigkeit[24] sowie
- Gewährleistung der Substanzerhaltung.[25]

Bei der Verfolgung dieser Ziele ist insbesondere die Anlagenwirtschaftlichkeit zu beachten. Um die genannten Ziele zu erreichen, ist im Instandhaltungshandbuch der Muster Papierfabrik, eine operative Instandhaltungsstrategie festgelegt, die sich aus vorbeugender, ausfallbedingter und zustandsabhängiger Instandsetzung zusammensetzt.[26]

---

[22] Sicherheit
[23] Zeitpunkt, Zeitraum
[24] Qualität und Menge
[25] Vgl. Firmenschrift: Muster Papierfabrik : Instandhaltungshandbuch Nr. 1, o. S.; siehe dazu auch Punkt 1.3.2: Ziele und Aufgaben
[26] Vgl. Firmenschrift: Muster Papierfabrik: Instandhaltungshandbuch Nr. 1, o. S.

2.2 Instandhaltungsorganisation

Die Instandhaltung ist dem Vorstand direkt unterstellt. Sie ist dem Bereich Produktion/Einkauf/Instandhaltung zugeordnet. Die Aufbauorganisation der Instandhaltungsabteilung kann der folgenden Abbildung entnommen werden.

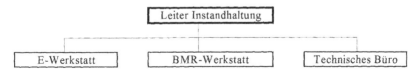

Abbildung 6: Organigramm der Instandhaltung[27]

Zur Zeit (Stand: 02.09.1997) sind in der Elektrowerkstatt 1 Meister und 10 Handwerker beschäftigt. In der Betriebs-, Meß- und Regeltechnik arbeiten 1 Meister und 6 Handwerker.[28] Das Technische Büro setzt sich aus einem BMR-Ingenieur[29], einem Objektingenieur und einer Sachbearbeiterin zusammen. Es betreut die BMR- und Elektroanlagen sowie alle Investitionen und ist für die, laut Revisionsplan, durchzuführenden Revisionen[30] verantwortlich. Weiterhin führen 7 Automatenmechaniker[31], die dem Produktionsleiter der Papiermaschine 3 direkt unterstellt sind, Instandhaltungsarbeiten an den Taschentuchautomaten durch. Instandhaltungsleistungen werden auch von der Prozeßrechentechnik erbracht. Sie ist allerdings weder fachlich noch disziplinarisch dem Instandhaltungsleiter unterstellt. Gleiches gilt für die Ende Juli 1997 aufgelöste Staplerwerkstatt.[32]

Die räumliche Lage der Werkstätten ist aus dem Lageplan in Anlage 1 ersichtlich. Die vom Instandhaltungsleiter geschätzten Entfernungen zwischen den Werkstätten und den Papiermaschinen, beziehungsweise der Altpapierentfärbung, können der Tabelle 1 entnommen werden. Die Werkstatt der Automatenmechaniker befindet sich in unmittelbarer Nähe zu den Automaten.

---

[27] Vgl. Firmenschrift: Muster Papierfabrik: Instandhaltungshandbuch Nr. 1, o. S.
[28] Stand: 02.09.1997
[29] Der BMR-Ingenieur ist gleichzeitig Verantwortlicher für Revisionen.
[30] Für Kranrevisionen ist der Betriebsratsvorsitzende, ein gelernter Schlosser verantwortlich.
[31] Die Automatenmechaniker betreuen die Taschentuchautomaten der Muster Papierfabrik und dem Taschentuch-Tochterunternehmen. Sie führen Schlosserarbeiten an den Automaten durch.

	BMR- und Elektro-Werkstatt	Instandhaltungs-niederlassung	Bauabteilung / Bau-Tochterunternehmen
Entfernung zur APE	300 m	600 m	700 m
Entfernung zur PM 1	im Gebäude der PM 1	direkt neben der PM 1	100 m
Entfernung zur PM 2	100 m	100 m	200 m
Entfernung zur PM 3/ Verarbeitung	dezentrale Werkstatt (nur Elektrowerkstatt)	dezentrale Werkstatt	700 m

Tabelle 1: Entfernungen zwischen den Werkstätten und den Papiermaschinen bzw. der Altpapierentfärbung

Abbildung 7 zeigt die bestehenden Schnittstellen zwischen der Instandhaltung und anderen Bereichen der Papierfabrik. Von der Produktion erhält sie die Instandhaltungsaufträge.[33] Die daraufhin notwendigen Instandhaltungsmaßnahmen werden gemeinsam koordiniert. Die Produktion informiert den Instandhaltungsleiter über den zukünftigen Instandhaltungsbedarf, auf dessen Grundlage er seinen Vorschlag für das Instandhaltungsbudget erstellt. Daten über Alter, Wert und Restnutzungsdauer der Anlagen erhält die Instandhaltung aus der Anlagenbuchhaltung. Umgekehrt informiert die Instandhaltung die Anlagenbuchhaltung über den Anlagenwert erhöhende Maßnahmen und die Aktivierung von neuen Anlagen. Vom Bereich Rechnungswesen/Controlling werden Instandhaltungskostenanalysen zur Verfügung gestellt. Das Instandhaltungsbudget wird in Zusammenarbeit mit dem Instandhaltungsleiter festgelegt. Im Rechnungswesen werden der Materialverbrauch und die Kosten der Eigen- sowie Fremdinstandhaltung auf die entsprechenden Kostenstellen gebucht. Damit wird die Grundlage für die Ist-Kostenrechnung geschaffen. Die Personalabteilung ist für die Lohn- und Gehaltsabrechnung sowie für die strategische Personalbeschaffung und -entwicklung zuständig. Um dem Personalbedarf in der Instandhaltung auch qualitativ gerecht zu werden, ist eine enge Kooperation notwendig. Die Materialwirtschaft ist für die Disposition, Bestellung und Lagerung der Materialien und Ersatzteile verantwortlich.[34] Sie erhält von der Instandhaltung Angaben über die zu beschaffenden Teile. Im Gegenzug wird die Instandhaltung über Preise, Lieferzeiten und erfolgte Wareneingänge informiert.

---

[32] Die Prozeßrechentechnik und die Staplerwerkstatt werden lediglich in der monatlichen Kostenabrechnung und bei der Festsetzung des Instandhaltungsbudgets berücksichtigt. Außerdem sind sie durch ihre Zuordnung zur Produktion anders organisiert. Deshalb finden sie in dieser Arbeit keine weitere Beachtung.

[33] Auch von den anderen Unternehmensbereichen werden Aufträge erteilt. Jedoch kann die Produktion als Hauptauftraggeber angesehen werden.

[34] Zu den Aufgaben der Einkaufsabteilung der Muster Papierfabrik gehört auch der Abschluß von Lieferverträgen. Zur Zeit bestehen befristete Verträge mit zwei Unternehmen, eine festgelegte Anzahl bestimmter Materialien und Ersatzteile für die Muster Papierfabrik zu lagern.

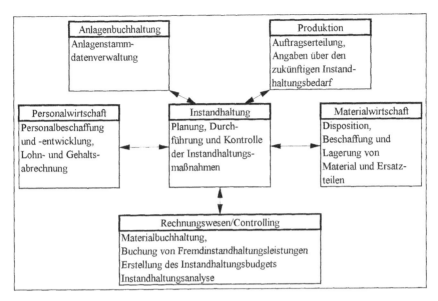

| Anlagenbuchhaltung
Anlagenstamm-
datenverwaltung | Produktion
Auftragserteilung,
Angaben über den
zukünftigen Instand-
haltungsbedarf |

| Personalwirtschaft
Personalbeschaffung
und -entwicklung,
Lohn- und Gehalts-
abrechnung | Instandhaltung
Planung, Durch-
führung und Kontrolle
der Instandhaltungs-
maßnahmen | Materialwirtschaft
Disposition,
Beschaffung und
Lagerung von
Material und Ersatz-
teilen |

Rechnungswesen/Controlling
Materialbuchhaltung,
Buchung von Fremdinstandhaltungsleistungen
Erstellung des Instandhaltungsbudgets
Instandhaltungsanalyse

Abbildung 7: Schnittstellen der Instandhaltung der Muster Papierfabrik zu anderen Bereichen des Unternehmens[35]

2.3 Art, Anzahl und Umfang der Instandhaltungsaufträge

In der Muster Papierfabrik werden die folgenden Arten von Instandhaltungsaufträgen unterschieden:

- Arbeitsaufträge zur Instandhaltung,
- Bedarfsmeldungen für Fremdleistungen,
- Reparaturpläne für Anlagenstillstände,
- Arbeitsaufträge für Investitionen und
- Schmierpläne.

Arbeitsaufträge zur Instandhaltung sind die häufigste Form von Instandhaltungsaufträgen. Sie werden erstellt, wenn Instandhaltungsbedarf festgestellt wird und die

---

[35] Von der Verfasserin.

15

Instandhaltungsleistungen von den eigenen Werkstätten, dem Bau-Tochterunternehmen oder von der Instandhaltungsniederlassung erbracht werden sollen.

Eine **Bedarfsmeldung** kann in Verbindung mit einem Arbeitsauftrag oder losgelöst von einem Arbeitsauftrag entstehen. Für den Bereich Instandhaltung können zwei Arten von Bedarfsmeldungen unterschieden werden. Es gibt Bedarfsmeldungen (Material- oder Ersatzteilbedarfsmeldungen), die dadurch entstehen, daß Material oder Ersatzteile nicht vorrätig sind. Weiterhin werden auch Fremdleistungen[36] für Reparaturen mit Hilfe von Bedarfsmeldungen angefordert. Diese werden Reparaturbedarfsmeldungen genannt.

Reparaturpläne beinhalten mehrere Instandsetzungsmaßnahmen, die während eines Anlagenstillstandes erbracht werden. Im Vorfeld eines jeden Stillstandes werden die durchzuführenden Instandhaltungsarbeiten gemeinsam mit der Produktion festgelegt.

Arbeitsaufträge für Investitionen umfassen alle Leistungen, die bis zur Aktivierung eines Investitionsobjektes erbracht werden. Alle Arbeitsaufträge für Investitionen erhalten als Auftragsnummer die Objektnummer (Tabellen 5 und 6) des jeweiligen Investitionsobjektes, für das sie erstellt werden. Bei der weiteren Bearbeitung von Arbeitsaufträgen für Investitionen ist wie bei Arbeitsaufträgen zur Instandhaltung zu verfahren.[37]

Schmierpläne[38] dienen der regelmäßigen Wartung und Inspektion der Papiermaschinen 1 bis 3, der Altpapierentfärbung und der Restwasserkläranlage. [ ] Regelmäßige Wartungen und Inspektionen werden durch die bereits angesprochenen Schmierpläne vorgegeben. Wöchentlich erfolgt ein Ausdruck der fälligen Wartungs- und Inspektionsmaßnahmen, die eigenverantwortlich von der Instandhaltungsniederlassung ausgeführt werden.

Die folgende Tabelle zeigt die Anzahl der erstellten Arbeitsaufträge zur Instandhaltung und der Reparaturbedarfsmeldungen in den Jahren 1994 bis 1996 sowie in den ersten sieben Monaten des Jahres 1997. Im Jahr 1995 verringerte sich die Anzahl der Arbeitsaufträge zur Instandhaltung um fast 50 % gegenüber dem Vorjahr. Gleichzeitig hat sich die Anzahl der

---

[36] Unter Fremdleistungen sind in diesem Fall nicht die Leistungen von der Instandhaltungsniederlassung oder dem Bau-Tochterunternehmen zu verstehen.
[37] siehe Punkt 2.3: Instandhaltungsauftragsdurchlauf

Reparaturbedarfsmeldungen nahezu verdreifacht. Ursachen für den Rückgang der Arbeitsaufträge zur Instandhaltung sind der erhöhte Fremdleistungsanteil und die Ausgliederung der Schlosserei, von der viele Arbeitsaufträge abgefordert wurden. Für das Jahr 1997 ist für das eigene Unternehmen mit ca. 500 Arbeitsaufträgen zur Instandhaltung und 300 Reparaturbedarfsmeldungen zu rechnen.[39]

Auftragsart	1994	1995	1996	01.97-07.97
Arbeitsaufträge vom eigenen Unternehmen[40]	934	505	550	284
Arbeitsaufträge von Fremdfirmen	13	6	16	13
Reparaturbedarfsmeldungen vom eigenen Unternehmen	93	267	261	162

Tabelle 2: Anzahl der erstellten Arbeitsaufträge und Reparaturbedarfsmeldungen von 1994 bis Juli 1997[41]

Abbildung 8 gibt die Verteilung der Arbeitsaufträge für das eigene Unternehmen auf die einzelnen Monate wider. Für den Zeitraum 1995 bis Juli 1997 kann festgestellt werden, daß die Anzahl der Arbeitsaufträge, bis auf wenige Ausnahmefälle, zwischen 30 und 60 Aufträgen pro Monat beträgt. Auftragsspitzen sind in den Monaten Januar und Juni zu erkennen. Nach diesen beiden Monaten ist jeweils ein Rückgang der Arbeitsaufträge zu verzeichnen. In Abbildung 9 ist, analog zu Abbildung 8, die Verteilung der Reparaturbedarfsmeldungen (für das eigene Unternehmen) auf die einzelnen Monate dargestellt. Bis auf wenige Ausnahmen schwankt die Zahl der Reparaturbedarfsmeldungen pro Monat zwischen 15 und 30. Aufgrund der sehr unterschiedlichen Verläufe in den Jahren 1994 bis 1996 können kaum allgemeingültige Aussagen über den Bedarf an Reparaturbedarfsmeldungen getroffen werden.

---

[38] siehe Anlage 2: Auszug aus den Schmierplänen

[39] Diese Hochrechnung stützt sich auf die Annahme, daß der errechnete Monatsdurchschnitt für die ersten sieben Monate des Jahres auch für die weiteren fünf Monate gilt. Die Ausgliederung der Bauabteilung und der Klempnerei hat keinen Einfluß auf die Anzahl der Arbeitsaufträge, da ihre Leistungen weiterhin über Arbeitsaufträge angefordert werden.

[40] Die Angaben schließen die Anzahl der Reparaturpläne ein, da sie wie Arbeitsaufträge zur Instandhaltung für das eigene Unternehmen numeriert werden.

[41] Vgl. Arbeitsunterlagen: Muster Papierfabrik: Arbeitsauftragsbücher, Bedarfsmeldungsbücher 1994-1997; Arbeitsaufträge für Investitionen sind in den Angaben nicht enthalten.

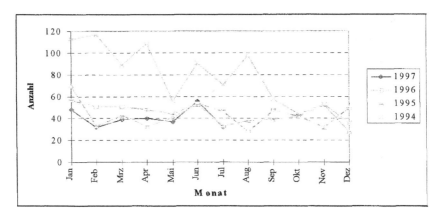

Abbildung 8: Anzahl der erstellten Arbeitsaufträge zur Instandhaltung für das eigene Unternehmen von Januar 1994 bis einschließlich Juli 1997[42]

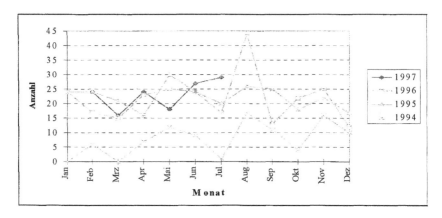

Abbildung 9: Anzahl der erstellten Reaparaturbedarfsmeldungen des eigenen Unternehmens von Januar 1994 bis einschließlich Juli 1997[43]

---

[42] Vgl. Arbeitsunterlagen: Muster Papierfabrik: Arbeitsauftragsbücher
[43] Vgl. Arbeitsunterlagen: Muster Papierfabrik: Bedarfsmeldungsbücher

Platz	empfangende Kostenstelle	geleistete Stunden	Anteil in Prozent	kummulierter Prozentanteil
1.	PM 1 und Stoffaufbereitung	18640	33%	33%
2.	PM 3 / Stoffaufbereitung / Verpackung	8028	14%	48%
3.	Taschentuchautomaten	7786	14%	61%
4.	Taschentuch-Tochterunternehmen	3776	7%	68%
5.	PM 2 und Stoffaufbereitung	2885	5%	73%
6.	Altpapierentfärbung	2822	5%	78%
7.	Küchenrollenautomat	2108	4%	82%
8.	Restwasserkläranlage	1535	3%	85%
9.	Organisation innere Verwaltung	1102	2%	87%
10.	Stromumformung und Verteilung	929	2%	89%

Tabelle 3: Top Ten der Bereiche, auf die im Jahr 1996 Instandhaltungsleistungen der eigenen Handwerker abgerechnet wurden[44]

Platz	empfangende Kostenstelle	geleistete Stunden	Anteil in Prozent	kummulierter Prozentanteil
1.	PM 1 und Stoffaufbereitung	10095	33%	33%
2.	Taschentuchautomaten	4592	15%	48%
3.	PM 3 / Stoffaufbereitung / Verpackung	3877	13%	61%
4.	Taschentuch-Tochterunternehmen	3244	11%	71%
5.	Altpapierentfärbung	1154	4%	75%
6.	Küchenrollenautomat	987	3%	78%
7.	PM 2 und Stoffaufbereitung	978	3%	81%
8.	Organisation innere Verwaltung	811	3%	84%
9.	Restwasserkläranlage	669	2%	86%
10.	Stromumformung und Verteilung	363	1%	87%

Tabelle 4: Top Ten der Bereiche, auf die von Januar bis Juli 1997 Instandhaltungsleistungen der eigenen Handwerker abgerechnet wurden[45]

Die Tabellen 3 und 4 zeigen die Bereiche, die im Jahr 1996 und in den ersten sieben Monaten des Jahres 1997 die meisten Handwerkerstunden erhalten haben.[46] 1996 wurden insgesamt

---

[44] Vgl. Arbeitsunterlagen: Muster Papierfabrik: Instandhaltungsanalysen, Januar 1996 bis Dezember 1996
[45] Vgl. Arbeitsunterlagen: Muster Papierfabrik: Instandhaltungsanalysen, Januar 1997 bis Juli 1997
[46] Bei der Aufstellung der Tabellen wurden die Handwerkerstunden für Investitionen und Dritte (außer Energie-Tochterunternehmen und Taschentuch-Tochterunternehmen) nicht berücksichtigt. Handwerkerstunden

57512,25 Handwerkerstunden geleistet. Von Januar bis einschließlich Juli 1997 wurden 31197 Stunden von den eigenen Handwerkern erbracht. Diese Angaben enthalten keine Stunden, die für Betriebsratstätigkeit, Weiterbildung oder ähnliches verwendet wurden.

Nicht alle Handwerkerstunden werden aufgrund von Arbeitsaufträgen erbracht. Ein Teil der nicht auf Arbeitsaufträgen beruhenden Handwerkerstunden entsteht durch vier Schichtelektriker.[47] Für jede Schicht ist ein Elektriker eingeteilt. Dieser führt Kontrollgänge und kleine Reparaturen durch. Nur ein Teil der von Schichtelektrikern geleisteten Arbeitsstunden beruht auf Arbeitsaufträgen. Instandhaltungsleistungen der Automatenmechaniker werden nur mündlich angefordert. Weiterhin geschieht es, daß Handwerker ihre Arbeit für andere, als dringender erscheinende Arbeiten unterbrechen müssen. Gleichfalls werden den Handwerkern, nach dem Motto: „Wenn Du schon mal da bist, kannst Du gleich dies und jenes erledigen." Arbeiten aufgetragen. Diese Tätigkeiten werden dann ohne Arbeitsauftrag ausgeführt. Abbildung 10 zeigt, daß der Anteil der auftragsbezogen geleisteten Handwerkerstunden an den gesamten Handwerkerstunden in den betrachteten Zeiträumen jeweils rund 20 % beträgt. Sowohl 1996 als auch von Januar bis Juli 1997, wurden ca. 5 % der gesamten Handwerkerstunden reparaturplanbezogen geleistet.

---

für Dritte wurden wegen ihres geringen Umfanges vernachlässigt. Geleistete Handwerkerstunden für Investitionen wurden nicht beachtet, weil sie von Jahr zu Jahr sehr unterschiedlich anfallen können. Demzufolge lagen folgende Gesamtstundenzahlen den Tabellen zugrunde: für 1996 56035 Stunden und für Januar bis Juli 1997 30672 Stunden.
[47] Stand 12.09.1997. Inzwischen werden keine Schichtelektriker mehr beschäftigt.

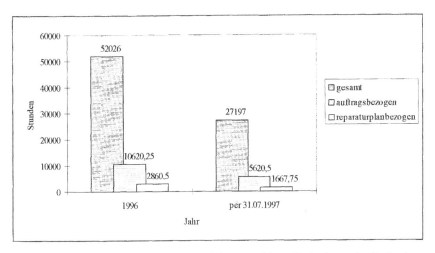

Abbildung 10: Insgesamt, auftrags- und reparaturplanbezogen geleistete Handwerkerstunden für das eigene Unternehmen[48]

Die Verteilung der geleisteten Handwerkerstunden von Januar 1996 bis Juli 1997 kann der Abbildung 11 entnommen werden. Außer im Juli 1997 wurden pro Monat zwischen 4500 und 5000 Handwerkerstunden geleistet. Die erhebliche Verringerung der Handwerkerstunden im Juli ist durch die Ausgliederung der Bauabteilung und der Klempnerei begründet.

---

[48] Vgl. Arbeitsunterlagen: Muster Papierfabrik: Auswertung Arbeitsaufträge, Januar 1996 bis Juli 1997, Werstattstunden per Dezember 1996 und per Juli 1997 und Reparaturpläne, Januar 1996 bis Juli 1997

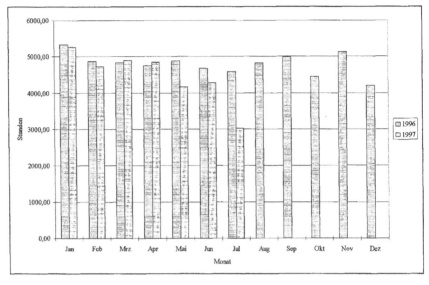

Abbildung 11: Geleistete Handwerkerstunden pro Monat von Januar 1996 bis einschließlich Juli 1997[49]

2.4 Instandhaltungsauftragsdurchlauf

2.4.1 Anforderung von Instandhaltungsleistungen

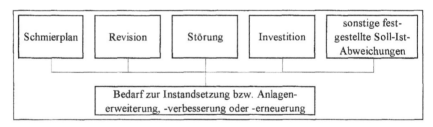

| Schmierplan | Revision | Störung | Investition | sonstige festgestellte Soll-Ist-Abweichungen |

Bedarf zur Instandsetzung bzw. Anlagenerweiterung, -verbesserung oder -erneuerung

Abbildung 12: Auslöser für Bedarf zur Instandsetzung, Anlagenerweiterung, -verbesserung oder -erneuerung[50]

---

[49] Vgl.: Arbeitsunterlagen: Muster Papierfabrik: Auswertung Arbeitsaufträge, Januar 1996 bis Juli 1997 und Werkstattstunden, Januar 1996 bis Juli 1997
[50] Von der Verfasserin.

Ein Mitarbeiter der Muster Papierfabrik stellt Instandsetzungsbedarf (bzw. Bedarf zur Anlagenverbesserung, -erweiterung oder -erneuerung), der durch einen in Abbildung 12 genannten Auslöser entstanden ist, fest. Im Vorfeld der Anforderung einer Instandhaltungsleistung muß er sich Gedanken über die richtige Anforderungsart machen. Handelt es sich nicht um einen störungsbedingten Instandsetzungsbedarf, kann er mit Hilfe des folgenden Entscheidungsbaumes[51] zu drei unterschiedlichen Ergebnissen gelangen.

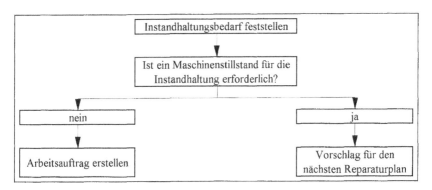

Abbildung 13: Entscheidungsbaum für die Anforderung von Instandhaltungsleistungen, die nicht sofort erforderlich sind[52]

Für den Fall, daß der Instandsetzungsbedarf einen **Arbeitsauftrag** (Abbildung 14) erfordert, so ist dieser vom anfordernden Bereich in dreifacher Ausführung zu erstellen. Soweit möglich, sollte der Arbeitsauftrag mit den folgenden Angaben versehen werden: instand zu setzendes Inventarobjekt, Beschreibung der auszuführenden Arbeit und Datum. Nach der Unterzeichnung durch den anfordernden Mitarbeiter werden alle drei Ausführungen des Arbeitsauftrages an den Instandhaltungsleiter weitergegeben.

---

[51] Bei Instandhaltungsmaßnahmen, die nicht die Produktion betreffen, erübrigt sich die Frage nach dem erforderlichen Maschinenstillstand.
[52] Von der Verfasserin.

Arbeitsauftrag		Nr.	
zu belastende Kostenstelle		Inventarobjekt	

Beschreibung der auszuführenden Arbeit:

auszuführende Kostenstelle	Auftrag ausgestellt		Arbeit angewiesen	
	Datum	Name	Datum	Name
Arbeit ausgeführt				

Abbildung 14: Arbeitsauftrag[53]

Der Instandhaltungsleiter prüft den Auftrag auf Vollständigkeit und Durchführbarkeit. Weiterhin entscheidet er, von wem der Auftrag ausgeführt werden soll. Falls nötig, erfolgt eine Rücksprache mit dem anfordernden Bereich. Für den Fall, daß die eigenen Werkstätten, die Instandhaltungsniederlassung oder das Bau-Tochterunternehmen den Auftrag ausführen sollen, wird der Arbeitsauftrag mit der zu belastenden Kostenstelle, der ausführenden Kostenstelle[54] und einer Auftragsnummer (Tabellen 5 und 6) versehen. Anschließend wird er freigegeben. Ein Exemplar verbleibt beim Instandhaltungsleiter und je ein Exemplar erhalten die anfordernde Stelle und die ausführende Werkstatt. Auftragsnummer, Ausstellungsdatum, leistende Kostenstelle und zu belastende Kostenstelle werden in ein Computerprogramm eingegeben. Die Arbeitsanweisung des ausführenden Bereiches besteht aus der Weitergabe des Arbeitsauftrages mit der gleichzeitigen mündlichen Information über die Dringlichkeit. Eventuell wird dem Auftrag eine Skizze beigefügt.[55]

---

[53] Arbeitsunterlagen: Muster Papierfabrik: Arbeitsauftrag
[54] Instandhaltungsniederlassung: 9802, Bau-Tochterunternehmen: 9803
[55] Vgl. Firmenschrift: Muster Papierfabrik: Instandhaltungshandbuch Nr. 1, o. S.

Zusammensetzung der Arbeitsauftragsnummer			
1. Stelle	anfordernder Bereich	1	innerbetrieblich
		2	Taschentuch-Tochterunternehmen
		3	Energie-Tochterunternehmen
		5	sonstige Investitionen
		7	Fremdfirmen
		W	Investitionen für die Abwasseranlage
2. Stelle	Jahr (z.B. 7 für 1997)		
3. bis 6. Stelle	fortlaufend		

Tabelle 5: Zusammensetzung der Arbeitsauftragsnummer

Zusammensetzung der Arbeitsauftragsnummer/Objektnummer für Investitionsgüter der Abwasseranlage	
1. Stelle	W
2. Stelle und 3. Stelle	fortlaufend
4. Stelle	/
5. Stelle	Jahr (z.B. 7 für 1997)
6. Stelle	B für Bau und A für Ausrüstung
7. und 8. Stelle	00

Tabelle 6: Zusammensetzung der Arbeitsauftragsnummer/Objektnummer für Investitionsgüter der Abwasseranlage

Instandhaltungsbedarf an den Automaten wird mündlich, direkt bei den Automatenmechanikern angefordert. Die in der Tabelle 7 beschriebenen Arbeitsauftragsnummern der Taschentuch-Tochterunternehmen werden lediglich auf den Arbeitskarten verwendet.

25

Zusammensetzung der Arbeitsauftragsnummer für Automaten des Taschentuch-Tochterunternehmens	
1. und 2. Stelle	Siehe Tabelle 5
3. Stelle	1 Reparatur und Wartung 2 Umstellarbeiten 3 Produktions-Kontrolle/Einstellung 4 Nachbesserung P.C England 5 Nachbesserung Senning 6 Nachbesserung P.C Schifferstadt
4. und 5. Stelle	00
6. Stelle	1 P.C - TT-Automat 2 Packmaschine 525 D 90 3 Taper SG T2 4 Gebindepacker 507 H 5 Kartonfüller 6 Kartonaufrichter 7 Kartonverschließer/Stretchmaschine

Tabelle 7: Zusammensetzung der Arbeitsauftragsnummer für Automaten des Taschentuch-Tochterunternehmens

Kann die Instandhaltung weder von den eigenen Werkstätten noch von der Instandhaltungsniederlassung oder dem Bau-Tochterunternehmen erbracht werden, so erstellt der Instandhaltungsleiter eine Bedarfsmeldung (Abbildung 15). Von der Instandhaltung werden Angebote eingeholt. Eine Kopie des besten Angebotes wird mit der Bedarfsmeldung an den Einkauf weitergeleitet. Dieser löst, nach der Genehmigung durch das zuständige Vorstandsmitglied oder durch zwei Vorstandsmitglieder[56], eine Bestellung aus.

---

[56] Ab einem Wert von 1000,- DM müssen Bedarfsmeldungen durch eine Vorstandssitzung genehmigt werden. Diese Regelung ist aus finanziellen Gründen vorübergehend erforderlich.

Bedarfsmeldung Nr.					Anfordernde Stelle		
Anlieferungs- oder Lagerstelle							

Liefertermin/Inventar-Nr.	Kostenstelle/Konto/Auftragsnummer						
					Datum	Sachbearbeiter	Telefon

Menge	Bezeichnung/Abmessung/TGL	Waren-Nr.	Wert (M)	Von Lagerbuchhaltung auszufüllen		Vorgeschl.	
				Lagerbestand	Richtsatzplanbestand	Liefertermin	

Lieferer

Bear-beitungs-umlauf	Stempel und Unterschrift				

Bearbeitungsvermerke

Abbildung 15: Bedarfsmeldung[57]

Analog des zweiten Ergebnisses des Entscheidungsbaumes ist der festgestellte Instandhaltungsbedarf für den nächsten Reparaturplan[58] vorzuschlagen. Zunächst ist der Produktionsleiter über diesen Bedarf zu unterrichten. Er meldet den Reparaturbedarf auf der nächsten Reparaturplanbesprechung an. Eine solche Besprechung findet im Vorfeld eines jeden geplanten Stillstandes zwischen den Produktionsleitern, Werkstattmeistern und dem Leiter der Instandhaltung statt. Es wird festgelegt, welche Maßnahmen bei der nächsten planmäßigen Reparatur durchgeführt werden sollen und wann die Maschinenstillstandszeiten beginnen. Die Länge der reparaturbedingten Stillstandszeiten ist durch die Dauer der durchzuführenden

---

[57] Arbeitsunterlagen: Muster Papierfabrik: Bedarfsmeldung; Da die Vordrucke für Bedarfsmeldungen aus der ehemaligen DDR stammen, enthalten sie Begriffe und Abkürzungen, die heute nicht mehr verwendet werden. Aus diesem Grund werden sie auch nicht erläutert und im Abkürzungsverzeichnis aufgeführt.

Maßnahmen bestimmt. Auf der Grundlage der Besprechung erstellt der Instandhaltungsleiter einen Reparaturplan mit Angaben über die betreffenden Produktionsabteilungen und Werkstätten, die Instandhaltungsmaßnahmen, die Reparaturauftragsnummer (pro empfangende Kostenstelle eine Auftragsnummer) sowie Datum, Beginn und Ende der Stillstände.[59] Alle beteiligten Abteilungen und Werkstätten erhalten eine Ausführung des Reparaturplans. Sie nutzen diese Informationen, um die erforderlichen Vorbereitungen für den Stillstand zu treffen.

Bei plötzlich auftretenden Störungen, die sofort behoben werden müssen, erfolgt eine telefonische Meldung direkt an die eigenen Werkstätten, an die Instandhaltungsniederlassung oder an den Instandhaltungsleiter. Diese leiten dann die nötigen Maßnahmen zur (zumindest provisorischen) Beseitigung der Störung ein. In solch einem Fall kommt es auch vor, daß benötigte, nicht vorhandene Materialien oder Ersatzteile durch die Instandhaltungsniederlassung beschafft werden. Die Erstellung eines Arbeitsauftrages erfolgt in diesem Fall nachträglich, um einerseits eine schnelle Durchführung und andererseits eine ordnungsgemäße Abrechnung gewährleisten zu können.

---

[58] Siehe Anlage 3: Auszug aus einem Reparaturplan
[59] Seit kurzer Zeit schätzen die Meister die Dauer der durchzuführenden Arbeiten auf Reparaturplanbesprechungen ein. Darauf aufbauend werden in den Reparaturplänen Beginn und Ende der einzelnen Maßnahmen angegeben.

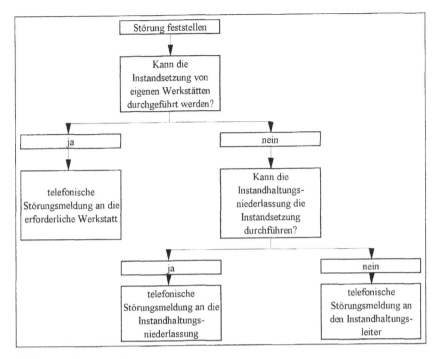

Abbildung 16: Störungsmeldung

2.4.2 Durchführung von Instandhaltungsmaßnahmen

2.4.2.1 Instandhaltung durch eigene Werkstätten

Der Meister einer innerbetrieblichen Werkstatt bekommt vom Instandhaltungsleiter einen Arbeitsauftrag. Gleichzeitig erhält er, falls erforderlich, eine Skizze und eine mündliche Information über die Dringlichkeit des Auftrages. Falls die Angaben auf dem Arbeitsauftrag nicht ausreichend sind, um die notwendigen Maßnahmen einzuleiten, hält der Meister vor Ort mit der anfordernden Stelle Rücksprache. Dabei stellt er auch den Materialbedarf für die durchzuführende Instandhaltung fest. Anschließend informiert er sich beim Magazinmitarbeiter über den Materialbestand. Wenn das erforderliche Material vorrätig ist, beauftragt er einen Handwerker, die angeforderte Instandhaltung durchzuführen. Gleichzeitig teilt er ihm mit, welches Material benötigt wird.

MS 2	Materialschein 2									1 Beleg-Nr.		2 Bl.-Nr.	3 Ausg.-Datum

4 KK-LB	5	6 Lstg.-Zeitr.	7 BA 8 LO	9 Best.-Kto.	10	11 Kosten-art	12 Betr.-Teil-Nr.	13 Ko.-Stelle	14 Ko.-Träger	15 Auftr.-Nr./Best.-Nr.

16 Benennung Artikel						
17 BuZ	18 Bestand neu	19	20 ME	21 angeforderte Menge	22	
1	23	24 Artikel-Nr.	25	26 ME	27 ausgegebene Menge	28 MVP	29 Gesamtbetrag

16 Benennung Artikel						
17 BuZ	18 Bestand neu	19	20 ME	21 angeforderte Menge	22	
2	23	24 Artikel-Nr.	25	26 ME	27 ausgegebene Menge	28 MVP	29 Gesamtbetrag

	30 ausge-stellt	31 angewiesen	32 ausge-geben	33 em-pfangen	34 ge-bucht	35	36 ge-prüft	37 Summe
Datum								
Unterschrift								

Abbildung 17: Materialentnahmeschein[60]

Der Handwerker erhält das Material aus dem Magazin, nachdem er den zweifachen Materialentnahmeschein (Abbildung 17) unterzeichnet hat. Dieser wurde vorher vom Personal des Magazins mit der Belegnummer, dem Ausgabedatum, der zu belastenden Kostenstelle, der Artikelbezeichnung und -nummer versehen. Für die Arbeit erforderliches Werkzeug, daß nicht täglich benötigt wird, holt der Handwerker aus der Werkzeugausgabe[61] der Instandhaltungsniederlassung. Falls erforderlich weist der Meister den Handwerker am Arbeitsort ein. Danach kann der Handwerker mit der Arbeit beginnen.

Ist das benötigte Material nicht vorhanden, erstellt der Meister eine Bedarfsmeldung, die unterschrieben vom Instandhaltungsleiter an den Einkauf weitergeleitet wird. Die Einkaufsabteilung holt, analog der Bedarfsmeldung, Angebote ein. Nach der Genehmigung des

---

[60] Da die Vordrucke für Materialentnahmescheine aus der ehemaligen DDR stammen, enthalten sie Begriffe und Abkürzungen, die heute nicht mehr verwendet werden. Aus diesem Grund werden sie auch nicht erläutert und im Abkürzungsverzeichnis aufgeführt.
[61] Die Werkzeugausgabe ist für Werkzeuge, die nicht täglich benötigt werden und die sowohl von mehreren Werkstätten als auch von der Instandhaltungsniederlassung genutzt werden, eingerichtet.

30

Angebotes, bestellt der Einkauf das angeforderte Material. Der Wareneingang führt nach erfolgter Lieferung die Wareneingangsprüfung, bestehend aus Quantitätskontrolle und Sichtprüfung, durch. Es wird ein vierfacher Wareneingangsschein (Abbildung 18) ausgestellt.

Eingang		zugehörige Transportpapiere	durch Post/Bahn/Schiff/LKW/Boten-Name			Waren-Eingang	
Lieferant							
						Lager	
Versandtag	brutto netto		Bestell-Nr. Lieferschein-Nr.		vom vom	Besteller	
Verpackung	Anzahl	Art	Zeichen	Zustand	eigene/fremde	Verwendungszweck	

lfd. Nr.	Menge	Ein- heit	Netto- ge- wicht	Benennung/Werkstoff/ Güte/Abmessung/Norm	Bestands-Kto. Artikel-Nr.	neuer Be- stand	Preis- einheit	Wert je Einheit	gesamt	gebucht Seite/ Zeile
1	2	3	4	5	6	7	8	9	10	11
1										
2										
3										
4										
5										
6										

Warenannahme	Empfänger		Lagerkartei	Materialbuchhaltung		Summe
Tag	Tag	beanstandet ja/nein	Tag	Tag		
Name	Name	Bericht-Nr.	Name	Name		

Abbildung 18: Wareneingangsschein[62]

Je einen Wareneingangsschein erhalten der Einkauf, das Magazin, der Besteller und der Wareneingang. Der Besteller erhält mittels Wareneingangsschein die Information, daß das Material eingetroffen ist. Erst jetzt beauftragt der Meister einen Handwerker. Dieser trifft die bereits beschriebenen Vorbereitungsmaßnahmen und führt die Instandhaltung durch. Nach der Ausführung der Arbeit wird der Arbeitsauftrag mit dem Ausführungsdatum und der Unterschrift des Handwerkers versehen und an den Instandhaltungsleiter zurückgegeben. Im Technischen Büro wird das Ausführungsdatum in das EDV-Programm eingegeben und der Arbeitsauftrag als erledigt abgehangen. Weiterhin wird nach der Erledigung des Auftrages von jedem Handwerker eine Arbeitskarte (Abbildung 19) ausgefüllt. Auf dieser sind der Monat, der Name des Handwerkers, die ausführende Kostenstelle, das Datum, die Arbeitszeit je Tätigkeit,

---

[62] Arbeitsunterlagen: Muster Papierfabrik: Wareneingangsschein

die ausgeführten Arbeiten, die zu belastende Kostenstelle, die geleistete Stundenzahl und, falls vorhanden, die Nummer des Arbeitsauftrages vermerkt.

Arbeitskarte

Monat ___19_____   Name _____

Datum	Zeit von	bis	Ausgeführte Arbeiten	Kosten- stelle	Ge- samt- Std.	Aus- fall- Std.	LL	ML	5 %	25 %	80 %	100 %	N	E	Unter- schrift

Abbildung 19: Arbeitskarte[63]

2.4.2.2 Instandhaltung durch Fremdfirmen

Kann der Arbeitsauftrag nicht von einer innerbetrieblichen Werkstatt ausgeführt werden, besteht die Möglichkeit, die Instandhaltungsniederlassung mit dem Auftrag zu betrauen. Im Dienstleistungs- und Instandhaltungsvertrag zwischen dem Instandhaltungsunternehmen und der Muster Papierfabrik sind Instandhaltungsleistungen festgelegt, die von der Instandhaltungsniederlassung erbracht werden.[64] So werden nahezu alle Wartungs- und Inspektionsmaßnahmen von der Instandhaltungsniederlassung durchgeführt.

Wenn die Instandhaltungsniederlassung zur Erfüllung des Auftrages Material benötigt, entnimmt sie es nach Möglichkeit aus dem Magazin der Muster Papierfabrik. Für den Fall, daß das Material im Magazin nicht vorrätig ist, erfolgt eine Absprache darüber, ob der Einkauf der

---

[63] Arbeitsunterlagen: Muster Papierfabrik: Arbeitskarte; Da die Vordrucke für Arbeitskarten aus der ehemaligen DDR stammen, enthalten sie Begriffe und Abkürzungen, die heute nicht mehr verwendet werden. Aus diesem Grund werden sie auch nicht erläutert und im Abkürzungsverzeichnis aufgeführt.
[64] Siehe Anlage 4: Auszug aus dem Dienstleistungs- und Instandhaltungsvertrag zwischen der Muster Papierfabrik und dem Instandhaltungsunternehmen

Muster Papierfabrik oder die Instandhaltungsniederlassung selbst das benötigte Material beschafft.

Zur Entscheidung werden folgende Kriterien herangezogen:

1. Dringlichkeit
2. bisherige Existenz im Magazinbestand
3. zukünftige Aufnahme in den Magazinbestand

Bei einer Entnahme des Materials aus dem Magazin wird auf dem Materialentnahmeschein die Verwendung durch die Instandhaltungsniederlassung vermerkt. Somit ist der Weg des Materials stets nachvollziehbar. Es wird der Instandhaltungsniederlassung nicht in Rechnung gestellt.

Das Bau-Tochterunternehmen erhält, ebenso wie die Instandhaltungsniederlassung, Arbeitsaufträge. Zur Zeit nutzt es das noch im Magazin der Muster Papierfabrik vorhandene Material zur Aufgabenerfüllung. Die Entnahme erfolgt, wie bei der Instandhaltungsniederlassung über Materialentnahmescheine, auf denen die Verwendung durch das Bau-Tochterunternehmen registriert wird.

Können weder die innerbetrieblichen Werkstätten noch die Instandhaltungsniederlassung oder das Bau-Tochterunternehmen den Auftrag erfüllen, entsteht eine Bedarfsmeldung[65]. Der Einkauf erstellt auf der Grundlage dieser Bedarfsmeldung und den eingeholten Angeboten eine Bestellung. Die mit der Instandhaltungsleistung beauftragte Fremdfirma erfüllt den Auftrag und stellt der Muster Papierfabrik die Kosten in Rechnung.

2.4.3 Kontrolle und Abrechnung der Instandhaltungsmaßnahmen

Die Kontrolle der Instandhaltungsleistungen von eigenen Handwerkern erfolgt durch den jeweiligen Meister. Während seiner Rundgänge durch den Betrieb überprüft er den Fortgang und die ordnungsgemäße Durchführung der Instandhaltung. Eine Endabnahme der Arbeiten erfolgt nur bei größeren Arbeiten. Auch bei Instandhaltungsleistungen, die von der

Instandhaltungsniederlassung oder von dem Bau-Tochterunternehmen erbracht werden, erfolgt nur bei größeren Maßnahmen eine Endkontrolle. Wird die Instandhaltungsmaßnahme von anderen Fremdfirmen durchgeführt, wird in jedem Fall eine Endabnahme und Quittierung der Leistung vorgenommen.

Die Abrechnung der Eigenleistungen basiert auf den bereits erwähnten Arbeitskarten. Ihnen ist zu entnehmen:

- Welcher Handwerker
- auf welchen Arbeitsauftrag,
- wann,
- was,
- wie lange und
- für wen gemacht hat.

Diese Angaben werden monatlich in der Personalabteilung erfaßt. Für auftragsbezogen erbrachte Handwerkerstunden werden die in der Instandhaltung eingegebenen Daten (Arbeitsauftragsnummer, leistende und zu belastende Kostenstelle) genutzt. Es entstehen monatlich drei Listen. Die **Auswertung der Arbeitsaufträge** enthält die Auftragsnummer, die leistende Kostenstelle, die empfangende Kostenstelle und die dazugehörige Stundenzahl. Die **Auswertung nach Kostenstellen** enthält die leistende Kostenstelle, die empfangende Kostenstelle und die Anzahl der erbrachten Stunden. Eine dritte Auswertung dient der Entlohnung der Handwerker und enthält pro Handwerker die geleisteten Stunden, Urlaub, Krankheit usw. Die Auswertung der Arbeitsaufträge als auch die Auswertung nach Kostenstellen werden in die Abteilung Rechnungswesen weitergeleitet.

Die Auswertung nach Kostenstellen ist Grundlage für die Ermittlung von Stundensätzen. Aus ihr werden die Handwerkerstunden, die für das eigene Unternehmen, jedoch nicht für Investitionen oder Werkstätten geleistet wurden, ermittelt. Danach werden alle Kosten[66], die in einem Monat für eine Werkstatt angefallen sind, durch die errechnete Anzahl der

---

[65] Siehe auch Punkt 2.3.1: Bedarfsmeldung
[66] z.B.: Löhne und Gehälter, Lohnnebenkosten, Abschreibungen, Energie, Wasser, Versicherung, Telefonkosten

Handwerkerstunden dividiert. Die für eine Kostenstelle geleisteten Handwerkerstunden werden dann mit diesem Stundensatz bewertet und auf diese Kostenstelle verrechnet.

Beispiel:

Kosten der Elektrowerkstatt:	50.000 DM
geleistete Handwerkerstunden der Elektrowerkstatt (gesamt):	1.180 h
für die Papiermaschine 1 erbrachte Handwerkerstunden der Elektrowerkstatt:	30 h

Stundensatz = 50.000 DM / 1.180 = 42,37 DM

Auf die Kostenstelle der Papiermaschine 1 sind in diesem Beispiel 1271,10 DM für Leistungen der Elektrowerkstatt zu verrechnen.

Handwerkerstunden, die für Dritte oder im Rahmen von Investitionen erbracht wurden, sind der Auswertung der Arbeitsaufträge zu entnehmen. Instandhaltungsleistungen für Fremdfirmen werden diesen Firmen in Rechnung gestellt. Die dafür verwendeten Stundensätze werden jeweils im Vorfeld mit der Fremdfirma vereinbart. Die für Investitionen geleisteten Handwerkerstunden werden mit Hilfe der kalkulatorisch ermittelten Stundensätze bewertet.

Fremdinstandhaltungsleistungen werden wie folgt der Muster Papierfabrik in Rechnung gestellt. Mit der Instandhaltungsniederlassung wurden Vereinbarungen über die Rechnungslegung getroffen. Es werden Kleinaufträge und Instandsetzungsaufträge unterschieden. Bis zu einem Rechnungsbetrag von 800,00 DM (ohne Material) handelt es sich um Kleinaufträge. Diese werden gemeinsam mit den ausgeführten Wartungen in einer Rechnung zusammengefaßt. Die Abrechnung erfolgt kostenstellenbezogen, nicht auftragsbezogen. Für alle größeren Instandhaltungsaufträge wird eine monatliche Rechnung zusammengestellt. Hier erfolgt die Rechnungslegung auftrags- und kostenstellenbezogen. Für jeden Auftrag werden die Kosten der Produktionshilfsstoffe, des verwendeten Materials und der Arbeitsleistung gesondert aufgeführt. Großinstandsetzungen werden einzeln berechnet. Instandhaltungsleistungen anderer Fremdfirmen werden auftragsbezogen[67] in Rechnung gestellt. Alle Fremdinstandhaltungsleistungen werden auf die gleiche Art und Weise abgerechnet. Die gesamten Kosten der Fremdinstandhaltung werden auf die Kostenstellen, für die sie erbracht wurden, verrechnet. Die Arbeitsleistungen einschließlich des Materials werden auf die Konten 6164 Baureparaturen bzw. 6166 Instandhaltung Maschinen gebucht. Für den Fall, daß das Material gesondert in Rechnung gestellt wird, erfolgt eine Buchung auf Materialkostenkonten.

Das vom Lagerbestand der Muster Papierfabrik verwendete Material wird anhand des Materialentnahmescheins vom Bestandskonto auf das Verbrauchskonto gebucht. Dabei wird die Kostenstelle angegeben, für die es verwendet wurde. Das als Sofortverbrauch bestellte Material wird gleich auf Verbrauchskonten gebucht und der entsprechenden Kostenstelle zugeordnet.

Am Monatsende erhält der Instandhaltungsleiter aus der Materialbuchhaltung zwei Listen. Diese enthalten die Materialkosten je Kostenstelle, die durch Materialentnahmen von der Instandhaltungsniederlassung oder von dem Bau-Tochterunternehmen entstanden sind. Der Instandhaltungsleiter überprüft pro Kostenstelle die Materialkosten mit den in Rechnung gestellten Instandhaltungsleistungen der beiden Fremdfirmen, um eine Fehlberechnung von Instandhaltungsleistungen auszuschalten.

Für einen monatlichen Soll-Ist-Vergleich der Plankosten mit den Ist-Kosten wird dem Instandhaltungsleiter vom Rechnungswesen eine Instandhaltungsanalyse zur Verfügung gestellt. Diese enthält kostenstellenbezogene Angaben über die Eigenleistungen[68], die Kosten der Fremdleistungen und die Materialkosten. Weiterhin gibt sie bei größeren Summen Aufschluß darüber, für welche Arbeiten die Kosten der Fremdleistungen entstanden sind und wie sich die Materialkosten zusammensetzen. Die Instandhaltungsanalyse enthält außerdem eine monatliche Zusammenstellung der einzelnen Kosten je Werkstatt.

---

[67] Auftragsnummer ist hier die Bestellnummer.
[68] Die Angabe der Eigenleistungen erfolgt in Stunden.

2.5 Dokumentation

Die Dokumentation der Instandhaltungsmaßnahmen dient als Nachweis für deren Durchführung und ist gleichzeitig Grundlage für Schadenanalysen. In der Muster Papierfabrik werden sogenannte Aggregatbücher geführt. In diese Bücher wird eingetragen, welcher Handwerker zu welcher Zeit Instandhaltungsmaßnahmen an dem jeweiligen Aggregat durchgeführt hat. Walzenwechsel werden von der Instandhaltungsniederlassung dokumentiert.

Um eine gute Übersicht über die vorhandenen Aggregate sowie deren technische und betriebswirtschaftliche Daten zu erhalten, ist eine Numerierung der Aggregate notwendig. In der Muster Papierfabrik sind alle Elektromotoren mit einer Antriebsnummer versehen. Es werden Karteikarten für Motoren geführt, die Aufschluß über deren Einsatzort geben. Sie enthalten außerdem folgende Angaben: Bezeichnung, Leistung, Drehzahl, Typ, Hersteller und Art des Motors. Ähnliche Karteikarten existieren auch für Transformatoren. Diese Karteikarten geben den Elektrohandwerkern einen schnellen Überblick über eingebaute Motoren und Reservemotoren. Für die meisten Pumpen und für die Walzen der Papiermaschine 1 existiert ebenfalls eine Numerierung.

Für die Papiermaschinen und für die Altpapierentfärbung sind in der Instandhaltung u.a. folgende technische Unterlagen vorhanden:

- Zeichnungen,
- Maschinenbücher,
- Stücklisten,
- Verschleiß- und Reserveteillisten,
- Wartungsanweisungen und
- Betriebsanweisungen.

Wenn nötig, werden diese Dokumente den Handwerkern für die Durchführung der Instandhaltungsmaßnahmen zur Verfügung gestellt. Betriebswirtschaftliche Daten, wie z.B. Nutzungsdauer, Restnutzungsdauer, Anschaffungswert und Abschreibung werden in der Anlagenbuchhaltung dokumentiert und verwaltet. Die Instandhaltung erhält auf Anfrage Informationen über diese Daten.

2.6 Analyseergebnisse

Nachdem die Instandhaltung der Muster Papierfabrik in den vorangegangenen Punkten analysiert und beschrieben wurde, gilt es nun, die dabei erkannten Probleme zu benennen.

1. Die Instandhaltungsziele sind hinsichtlich einer Kontrolle der Zielerreichung nicht ausreichend formuliert.

2. Die festgelegte Instandhaltungsstrategie ist lediglich eine Aufzählung aller möglichen Strategien. Für einzelne Anlagen bzw. Baugruppen sind keine Instandhaltungsstrategien festgelegt.

3. Reparaturpläne enthielten bis vor kurzem keine Angaben über die zeitliche Einordnung und die Dauer der einzelnen Maßnahmen.

4. Nur 20 % der geleisteten Handwerkerstunden beruhen auf Arbeitsaufträgen.

5. Zu viele Instandhaltungsleistungen werden auf Zuruf ausgeführt.

6. Arbeitsaufträge zur Instandhaltung enthalten keine Angaben über die Dringlichkeit oder den Durchführungstermin.

7. Die Beschreibung der auszuführenden Arbeiten auf den Arbeitsaufträgen ist oft zu ungenau.

8. Die instand zu haltenden Inventarobjekte werden auf den Arbeitsaufträgen teilweise gar nicht und teilweise zu allgemein angegeben.

9. Die Planung und Vorbereitung von Instandhaltungsmaßnahmen ist unzureichend.[69]

10. Für ausgewählte Instandhaltungsmaßnahmen existieren Zeitvorgaben, die jedoch nicht schriftlich fixiert sind.

11. Es kommt vor, daß Instandhaltungsmaßnahmen aufgrund von fehlenden Ersatzteilen nicht sofort durchgeführt werden können.

12. Durch Arbeitsunterbrechungen ergeben sich Zeitverluste bei der Durchführung der Instandhaltungsmaßnahmen.

13. Nur Instandhaltungsarbeiten von größerem Umfang werden einer Endkontrolle unterzogen.[70]

---

[69] Vgl. dazu: Hinsch, Freimut: Der Instandhaltungs-Berater, Bd. 1, 16. Aktualisierung, Köln März 1997, Kapitel 02100, S. 3: „Da in der Regel eine „geplante" Instandsetzung erheblich kostengünstiger durchgeführt werden kann als eine Instandsetzung nach Ausfall, zeigt sich hier ein erhebliches Einsparungspotential."
[70] Dieser Kritikpunkt betrifft die von eigenen Handwerkern, der Instandhaltungsniederlassung und dem Bau-Tochterunternehmen durchgeführten Instandhaltungsarbeiten.

14. Durch zum Teil stark verspätete Rückmeldungen ist ein Überblick über offene Arbeitsaufträge nicht gegeben.

15. Für wiederkehrende Arbeiten sind keine Festpreise mit Fremdfirmen vereinbart.

16. Verbrauchte Materialien und Ersatzteile werden dem jeweiligen Arbeitsauftrag nicht zugeordnet.

17. Außer für größere Instandhaltungsmaßnahmen werden keine Vorkalkulationen durchgeführt.

18. Die Abrechnung der Instandhaltungsmaßnahmen auf Kostenstellen erschwert Schwachstellenanalysen und die Ermittlung des optimalen Zeitpunktes von Ersatzinvestitionen.

19. Vorhandene Auswertungen werden zu wenig genutzt.

20. Aufgrund fehlender Computerunterstützung sind Schwachstellenanalysen nur mit erheblichem Aufwand möglich.

21. Für die Handwerker existieren weder materielle noch immaterielle Anreize, Verbesserungsvorschläge anzubringen sowie ihre Arbeit zügig und qualitätsgerecht zu verrichten.

22. Die Aufgaben der Handwerker beschränken sich nicht auf die Instandhaltung der Produktionsanlagen.

3 Maßnahmen zur Problemlösung

Aufgrund der Ergebnisse der Ist-Analyse hat sich die ursprünglich beschriebene Aufgabenstellung dieser Arbeit verändert und erweitert. Nicht nur die Planung und Abrechnung der Instandhaltung muß verbessert werden. Maßnahmen zur Lösung der unter Punkt 2.6 genannten Probleme sind zu entwickeln. Besonderes Augenmerk ist dabei auf die Kritikpunkte in den folgenden Bereichen zu richten:

- Anforderung von Instandhaltungsleistungen,
- Planung und Vorbereitung von Instandhaltungsmaßnahmen,
- Durchführung der Instandhaltung,
- Kontrolle und Abrechnung der Instandhaltungsarbeiten.

3.1 Instandhaltungsziele und -strategien

Für die Ziele der Instandhaltung kann festgestellt werden, daß sie von den Unternehmenszielen Gewinnmaximierung, Kundenzufriedenheit und Umweltschutz abgeleitet wurden. Ob die Ziele jemals erreicht werden, kann allerdings nicht überprüft werden. Dafür fehlen den Zielen Angaben zur Zieldefinition, dem Zielausmaß, dem zeitlichen Bezug sowie einem Vergleichsmaßstab. Obwohl Instandhaltungsziele oft schwer zu konkretisieren sind, ist dies für den Nutzen von Zielen unerläßlich. Da die Anlagenzuverlässigkeit durch die Häufigkeit und Dauer der Anlagenausfälle bestimmt wird, könnte beispielsweise das Ziel der Sicherstellung der Anlagenzuverlässigkeit durch die folgenden Ziele ersetzt werden:

- Die Anlagenausfallhäufigkeit soll 1997 um 5 % gegenüber dem Vorjahr gesenkt werden.
- Die Anlagenausfallzeit soll 1997 um 10 % gegenüber dem Vorjahr gesenkt werden.

Nur anhand dieser Angaben ist es möglich, die Zielerreichung zu kontrollieren, entsprechende Abweichungen zu analysieren und gegebenenfalls Gegenmaßnahmen einzuleiten.[71] Für die

---

[71] Vgl. : Voss, Rödiger: Grundwissen Betriebswirtschaftslehre, München 1996, S. 83; Vgl. dazu auch: Warnecke, Hans-Jürgen (Hrsg.): Handbuch Instandhaltung Band 1: Instandhaltungsmanagement, S. 33

Durchsetzung der Ziele ist es erforderlich, daß sie allen Mitarbeitern der Instandhaltung bekannt sind und von ihnen akzeptiert werden. Ihnen ist auch in regelmäßigen Abständen der aktuelle Stand der Zielerreichung mitzuteilen. Auf diese Art und Weise werden die Mitarbeiter motiviert, die Ziele zu verwirklichen. Gleichzeitig erkennen sie den Erfolg ihrer Leistung.

Die im Instandhaltungshandbuch der Muster Papierfabrik festgelegte Instandhaltungsstrategie ist lediglich eine Aufzählung aller möglichen Strategien. Es ist mit Sicherheit richtig, daß im gesamten Unternehmen sowohl vorbeugende, als auch zustandsabhängige und störungsbedingte Instandhaltung Anwendung findet. Aufgrund der Anlagenintensität und der Vielfalt der Anlagenteile ist jedoch eine Festlegung der Instandhaltungsstrategien für einzelne Anlagenelemente erforderlich.[72] Dabei sind u.a. die Verkettung der Maschinen und die durch Ausfall entstehenden Folgen zu beachten. Wartungs-, Inspektions- und Instandsetzungsmaßnahmen, als auch die Ersatzteilbeschaffung sind auf die jeweilige Strategie auszurichten.

3.2 Instandhaltungsorganisation

Die Instandhaltungsabteilung und ihre organisatorische bzw. räumliche Einordnung in das Unternehmen wurde in Punkt 2.3 dargestellt. Die räumliche Lage der Werkstätten ist historisch gewachsen. Sie erweist sich, bei einem Blick auf die Anzahl der Handwerkerstunden je Kostenstelle[73], als weitgehend sinnvoll. Die Zusammenarbeit zwischen der Instandhaltung und den in Abbildung 7 aufgeführten Bereichen ist, hinsichtlich der Aufgabenverteilung, ausreichend geregelt. Es ist jedoch erforderlich, noch enger mit der Produktion zusammenzuarbeiten.[74] Beispielsweise wäre eine wöchentliche Besprechung zwischen Vertretern aus der Instandhaltungsabteilung und der Produktion sinnvoll. Dort können dann anstehende Probleme vorgebracht und diskutiert werden. Zudem kann die Produktion der Instandhaltung wichtige Maschinen- und Verbrauchsdaten (Betriebszeit, Energieverbrauch,

---

[72] Es ist nicht notwendig, für jedes einzelne Element der Anlagen, eine Instandhaltungsstrategie zu definieren. Der dafür erforderliche Aufwand würde den Nutzen erheblich übersteigen. Deshalb sollten Instandhaltungsstrategien nur für wichtige und sinnvoll zusammengefaßte Anlagenelemente festgelegt werden.
[73] Siehe Punkt 2.4: Tabellen 3 und 4
[74] Vgl. dazu auch: Bloß, Clemens: Organisation der Instandhaltung, S. 160

Materialverbrauch usw.) sowie Informationen über den Fertigungsplan zur Verfügung stellen. Mit Hilfe dieser Daten wird eine Planung der Instandhaltungsmaßnahmen erleichtert. [75]

Die Automatenmechaniker nehmen eine gewisse Sonderstellung innerhalb der Instandhaltung ein. Ihre organisatorische Zuordnung zur Produktion hat u.a. den Vorteil, daß die Arbeitsaufträge sofort an die ausführende Stelle gemeldet werden. Dadurch kann schneller mit der Arbeit begonnen werden. Andererseits ist eine Kontrolle und Analyse der Arbeiten der Automatenmechaniker aufgrund der mündlichen Auftragserteilung kaum möglich.

3.3 Art, Anzahl und Umfang der Instandhaltungsaufträge

Bei der Analyse der verschiedenen Arten von Instandhaltungsaufträgen wurden mehrere Probleme deutlich. Reparaturpläne enthielten bis vor kurzem keine Angaben über die zeitliche Einordnung und die Dauer der einzelnen Maßnahmen. Für eine reibungslose und schnelle Durchführung der Arbeiten ist dies jedoch unabdingbar. Weiterhin stellte sich heraus, daß nur etwa 20 % der geleisteten Handwerkerstunden auf Arbeitsaufträgen basieren. In Punkt 2.4 wurde bereits dargelegt, welche Ursachen es dafür gibt. Es ist weder sinnvoll noch realisierbar, für jede geleistete Handwerkerstunde einen Arbeitsauftrag zu erstellen. Beispielsweise wären Arbeitsaufträge für die Kontrollgänge der Schichtelektriker völlig nutzlos und würden zudem einen Mehraufwand an Zeit und Papier hervorrufen. Trotzdem müssen die auf Zuruf basierenden Handwerkerstunden verringert werden, um:

* eine Arbeitsvorbereitung einschließlich Vorkalkulation zu ermöglichen,
* eine verursachungsgerechte Abrechnung zu gewährleisten,
* Schadenanalysen durchführen zu können und
* sich auf die zunehmende Fremdinstandhaltung einzustellen. [76]

---

[75] Vgl. dazu: Ruthenberg, Rolf; Frühwald, Hansjörg; Frischkorn, Horst; Wilschek, Rolf: Gewinnsteigernde Instandhaltung: Erstmals: Bestellte Maschinenverfügbarkeit zu wettbewerbsfähigen Kosten, Köln 1990, S. 10
[76] Vgl. dazu: Bloß, Clemens: Organisation der Instandhaltung, S. 21

Die Anforderung von Instandhaltungsmaßnahmen per Zuruf sollte sich auf Störungen und geringfügige Instandhaltungsmaßnahmen[77] beschränken. Um eine solche Forderung durchsetzen zu können, sind Veränderungen bei der Erstellung und Bearbeitung von Instandhaltungsaufträgen erforderlich.

3.4 Computergestützte Instandhaltung

Wie bereits im vorangegangenen Abschnitt erläutert, werden zu wenig Instandhaltungsmaßnahmen mit Hilfe eines schriftlichen Arbeitsauftrages angefordert. Sowohl Vorplanung als auch Kontrolle und Analyse der Maßnahmen, die nicht auf schriftlichen Arbeitsaufträgen beruhen, sind unmöglich. Andererseits vergeht zu viel Zeit von der Anforderung bis zur eigentlichen Durchführung der Instandhaltungsmaßnahme. Deshalb ist insbesondere die Anforderung von Instandhaltungsleistungen mittels Arbeitsauftrag hinsichtlich der folgenden Gesichtspunkte zu verändern:

- Reduzierung der Anzahl zeitraubender Rückfragen,
- Möglichkeit zur Planung und Vorbereitung der Instandhaltungsmaßnahmen,
- Verringerung der Durchlaufzeit.

Inwieweit die Arbeitsanforderung und die anschließende Auftragsbearbeitung verbessert werden können, ist weitestgehend vom Computereinsatz abhängig. Grundsätzlich bieten sich, bezüglich Computereinsatz in der Instandhaltung, vier Möglichkeiten:

Variante 1:   ohne Computer

Variante 2:   mit Computer in der Arbeitsvorbereitung

Variante 3:   mit Computern in der Arbeitsvorbereitung und den anfordernden Stellen

Variante 4:   mit Computern in der Arbeitsvorbereitung, den anfordernden Stellen und den Werkstätten

---

[77] Unter geringfügigen Instandhaltungsmaßnahmen sind Maßnahmen zu verstehen, die nicht länger als 1 Stunde andauern und nicht mehr als 100,- DM Materialkosten verursachen. Die genannten Kriterien dienen als Hilfe zur Einschätzung einer Maßnahme hinsichtlich ihres Aufwandes. Stellt sich während der Instandhaltung heraus, daß die Maßnahme wesentlich größeren Aufwand hervorruft, wird nachträglich ein Arbeitsauftrag ausgestellt.

	Variante 1	Variante 2	Variante 3	Variante 4
Vorteile	kein finanzieller Aufwand für Hard- und Software	Statistiken, Analysen und Auswertungen möglich Planung möglich detaillierte Abrechnung	Statistiken, Analysen und Auswertungen möglich Planung möglich detaillierte Abrechnung Transparenz vorhanden kurze Durchlaufzeiten stets aktueller Überblick über offene Aufträge geringer Schreibaufwand keine verzögerte Rückmeldung zeitnahe Kontrolle und Abrechnung	Statistiken, Analysen und Auswertungen möglich Planung möglich detaillierte Abrechnung Transparenz vorhanden kurze Durchlaufzeiten stets aktueller Überblick über offene Aufträge geringer Schreibaufwand keine verzögerte Rückmeldung zeitnahe Kontrolle und Abrechnung Störung kann direkt an die Werkstätten gemeldet werden
Nachteile	Statistiken, Analysen und Auswertungen nur mit sehr hohem Aufwand möglich hoher Schreibaufwand lange Durchlaufzeiten keine Transparenz Rückmeldung und Abrechnung mit zeitlicher Verzögerung Planung nicht wirtschaftlich durchführbar detaillierte Abrechnung nur mit großem Aufwand möglich	geringer finanzieller Aufwand für Hard- und Software doppelter Schreibaufwand lange Durchlaufzeiten bedingt vorhandene Transparenz Rückmeldung und Abrechnung mit zeitlicher Verzögerung	mittlerer finanzieller Aufwand für Hard- und Software sowie für die Vernetzung	hoher finanzieller Aufwand für Hard- und Software sowie für die Vernetzung

Tabelle 8: Vor- und Nachteile verschiedener Varianten von Computereinsatz in der Instandhaltung[78]

Tabelle 8 zeigt die Vor- und Nachteile der vier genannten Möglichkeiten zur computergestützen Instandhaltung. Sowohl die Gegebenheiten der Muster Papierfabrik als auch die Vor- und Nachteile sind in die Entscheidung für eine dieser Varianten einzubeziehen.

Die steigenden Anforderungen an die Instandhaltung verlangen geradezu den Einsatz von Computern.[79] Ohne sie kann die Instandhaltung in der Muster Papierfabrik nicht mehr rationell betrieben werden. Da mit der zweiten Variante keine Durchlaufzeitverkürzung erreicht werden kann und der Schreibaufwand verdoppelt wird, ist deren Anwendung nicht sinnvoll. Mit der dritten Variante werden diese Nachteile beseitigt. Der Arbeitsauftrag wird mit dem Computer erstellt und über das Datennetz in die Arbeitsvorbereitung[80] weitergeleitet. Dort kann dann sofort mit der Vorbereitung der Instandhaltungsmaßnahme begonnen werden. Die vierte Variante erlaubt sogar eine sofortige Datenübertragung der Arbeitsaufträge an die Werkstätten. Störungsmeldungen können auf diese Art schnell und vollständig an die ausführenden Bereiche geleitet werden. Der Nutzen dieser Variante wird durch den finanziellen Aufwand, der zusätzlich für die Computer in den Werkstätten und deren Vernetzung entsteht, verringert. Hinzu kommt, daß sich in der Muster Papierfabrik ein deutlicher Trend zur Fremdinstandhaltung abzeichnet.

Im Vergleich der vier aufgezeigten Varianten, die Instandhaltung in der Muster Papierfabrik mit oder ohne Computer zu bewältigen, stellte sich die dritte Variante als beste Lösung heraus. Durch sie wird:

- die Anforderung von Instandhaltungsleistungen vereinfacht,
- die Planung und Vorbereitung der Instandhaltungsmaßnahmen ermöglicht,
- die Durchlaufzeit verkürzt und
- der Aufwand für Analysen verringert.

Für die Vorbereitung der Instandhaltungsmaßnahmen ist eine Schnittstelle zwischen dem Instandhaltungsprogramm und dem bereits vorhandenen Programm der Materialwirtschaft von

---

[78] Von der Verfasserin.
[79] Vgl.: Behrenbeck, Klaus Rainer: DV-Einsatz in der Instandhaltung: Erfolgsfaktoren und betriebswirtschaftliche Gesamtkonzeption, S. 89
[80] Siehe dazu Punkt 3.5.2: Planung und Vorbereitung von Instandhaltungsmaßnahmen.

Vorteil. Dadurch kann die Arbeitsvorbereitung den Bestand des erforderlichen Materials überprüfen. Außerdem ist es möglich, ohne Papieraufwand und mit Zeitgewinn, Bedarfsmeldungen an den Einkauf zu schicken und umgekehrt über Wareneingänge informiert zu werden. Zudem stehen der Instandhaltung damit Materialpreise für Vorkalkulationen zur Verfügung.[81]

3.5 Instandhaltungsauftragsdurchlauf

In den folgenden Punkten soll die Auftragsabwicklung in der Instandhaltung der Muster Papierfabrik beschrieben werden. Zum besseren Verständnis dient die Grobübersicht in Abbildung 20.

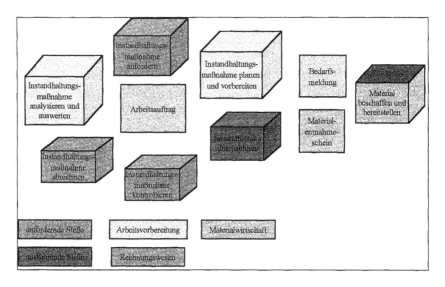

Abbildung 20: Grobübersicht über die Auftragsabwicklung[82]

---

[81] Vgl. : Behrenbeck, Klaus Rainer: DV-Einsatz in der Instandhaltung: Erfolgsfaktoren und betriebswirtschaftliche Gesamtkonzeption, S. 42; Da im Materialwirtschaftsprogramm zur Zeit noch keine aktuelle Bestandsführung durchgeführt wird, ist es nicht sinnvoll, Reservierungen vorzunehmen.
[82] Von der Verfasserin.

3.5.1 Anforderung von Instandhaltungsleistungen

In einer Abteilung der Muster Papierfabrik wird Instandhaltungsbedarf festgestellt. Dieser ist zuerst hinsichtlich seiner Dringlichkeit einzuschätzen (Abbildung 21). Dafür stehen die folgenden Prioritätsstufen zur Verfügung:

- Priorität 1:   sofort
- Priorität 2:   schnell
- Priorität 3:   demnächst
- Priorität 4:   bei Gelegenheit.[83]

Arbeitsaufträge der Priorität 1 dienen der Beseitigung von eingetretenen Produktionsstörungen. Aufgrund ihrer Dringlichkeit besteht sofortiger Handlungsbedarf, so daß sie erst nach der Auftragserledigung erstellt werden. Die Priorität 2 erhalten Arbeitsaufträge, die dazu dienen, einen gesicherten Produktionsablauf zu gewährleisten. Dringlichkeit 3 kennzeichnet ebenfalls Aufträge, die den Zweck der Produktionssicherung verfolgen. Allerdings ist der Produktionsausfall bei diesen Aufträgen nicht so stark gefährdet wie bei Aufträgen der Dringlichkeitsstufe 2. Die Prioritätsstufe 4 beinhaltet Aufträge, deren verzögerte Ausführung weder den Produktionsablauf noch Mensch und Umwelt gefährden. Sie werden in Verbindung mit anderen Arbeitsaufträgen durchgeführt. Auch Arbeitsaufträge die nicht im Zusammenhang mit der Produktion stehen, erhalten die Priorität 4. Diese können in der Zeit ausgeführt werden, in der die vorhandenen Personalkapazitäten nicht voll ausgelastet sind.[84]

---

[83] Hinsch, Freimut: Der Instandhaltungsberater, Kapitel 05300, S. 17: „Die konkrete Handhabung von Prioritätsklassen verlangt eine besondere Disziplin der Auftraggeber, da erfahrungsgemäß „alles eilig ist"."
[84] Alle Mitarbeiter, die in Zukunft mit diesen Prioritätsstufen arbeiten werden, sind im Vorfeld genau über die Bedeutung der einzelnen Prioritäten zu unterrichten.

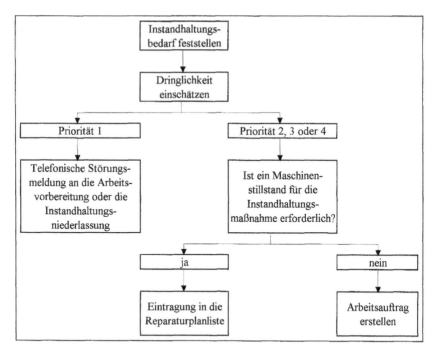

Abbildung 21: Anforderung von Instandhaltungsleistungen[85]

Wird der Auftrag in die Priorität 2, 3 oder 4 eingeordnet, ist zu entscheiden, ob die Durchführung der Instandhaltungsmaßnahme einen Maschinenstillstand erfordert. Ist dies nicht der Fall, wird ein Arbeitsauftrag eröffnet. Dieser wird zunächst mit der zu belastenden Kostenstelle versehen (Abbildung 22). Die Baugruppe, in der sich das instand zu haltende Bauteil befindet, wird in den Arbeitsauftrag eingetragen. Die Auswahl der betreffenden Baugruppe wird durch eine Liste, die für jede Kostenstelle zur Verfügung steht, erleichtert.[86] Das Bauteil selbst, wird nach Möglichkeit ebenfalls im Arbeitsauftrag angegeben.

---

[85] Von der Verfasserin.
[86] Siehe Anlage 5: Baugruppen der wichtigsten Kostenstellen

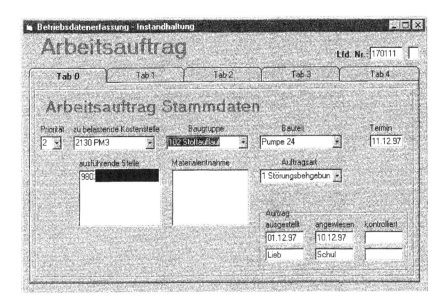

Abbildung 22: Arbeitsauftrag - Tab 0[87]

Die anfordernde Stelle gibt die Dringlichkeit und möglichst exakt die Störungsart (Abbildung 23) an. Die Eingabe der Dringlichkeit und des Bauteils wird ebenfalls durch Listen unterstützt. Indem der Anfordernde den Arbeitsauftrag an den Arbeitsvorbereiter abschickt, werden das aktuelle Datum und sein Name automatisch unter „Auftrag ausgestellt" eingetragen.

---

[87] Von der Verfasserin. EDV-technische Umsetzung durch Herrn Mustermann, Martin.

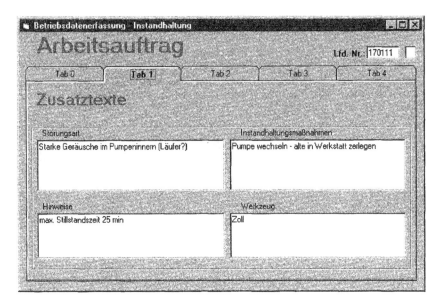

Abbildung 23: Arbeitsauftrag - Tab 1[88]

Ist ein Maschinenstillstand für die Durchführung der Instandhaltung notwendig, wird der Instandhaltungsbedarf im Computer in eine Reparaturplanliste (Abbildung 24) eingetragen. Eine solche Liste sollte für die wichtigsten Bereiche[89] geführt werden. Dort ist einzutragen:

- Wann der Instandhaltungsbedarf festgestellt wurde.
- Welches Bauteil in welcher Baugruppe instand zu halten ist.
- Wie sich der Instandhaltungsbedarf äußert.
- Wie dringend die Instandhaltungsmaßnahme ist.
- Wer den Instandhaltungsbedarf festgestellt hat.

---

[88] Von der Verfasserin. EDV-technische Umsetzung durch Herrn Mustermann, Martin.
[89] Unter den wichtigsten Kostenstellen werden hier die Papiermaschinen 1 und 3, die Altpapierentfärbung, die Doublierwerke 1 - 3, die Taschentuchautomaten, die Restwasserklärung, die Wasserversorgung, die Wasserturbinen, die Aufzüge, sowie die Stromumformung und Verteilung verstanden.

50

Reparaturplanliste			Bereich		
Datum	Baugruppe	Bauteil	Störungsart	Priorität	Name

Abbildung 24: Reparaturplanliste[90]

Bei der nächsten Besprechung zwischen den Produktionsleitern und dem Arbeitsvorbereiter sind die Eintragungen in den Reparaturplanlisten, im Hinblick auf einen geplanten Reparaturstillstand, zu berücksichtigen. Entsprechend dieser Eintragungen kann dann gemeinsam ein Termin für den nächsten Reparaturstillstand festgelegt werden. Da der Arbeitsvorbereiter diese Listen jederzeit einsehen kann, hat er die Möglichkeit, in dringenden Fällen, die Besprechung vorzuverlegen. Steht der Termin für einen Reparaturstillstand fest, bespricht der Arbeitsvorbereiter die durchzuführenden Maßnahmen mit Vertretern der ausführenden Stellen. Auf der Grundlage der Reparaturplanliste und der beiden Besprechungen kann der Arbeitsvorbereiter den Reparaturplan ausarbeiten.[91] Dieser wird zur Information und Vorbereitung an die ausführenden und empfangenden Stellen verteilt. Alle ausführenden Stellen erhalten zusätzlich die notwendigen Materialentnahmescheine.

Wird der zu erstellende Auftrag mit der Priorität 1 bewertet, erfolgt sofort eine telefonische Störungsmeldung an den Arbeitsvorbereiter, die Instandhaltungsniederlassung oder das Bau-Tochterunternehmen. Bei Störungsmeldungen sind alle Störungsdaten vollständig und so exakt wie möglich anzugeben.

---

[90] Von der Verfasserin.
[91] Siehe Anlage 6: Reparaturplan - neu

3.5.2 Planung und Vorbereitung von Instandhaltungsmaßnahmen

Der Planungsgrad von Instandhaltungsmaßnahmen hängt vom Wissen über die Maßnahme und deren Durchführungstermin ab. Bei sich wiederholenden Instandhaltungsmaßnahmen ist die Maßnahme an sich bekannt. Der Termin kann sowohl bekannt als auch ungewiß sein. Andere Instandhaltungsmaßnahmen treten einmalig auf. Sowohl die Instandhaltungsmaßnahme selbst als auch der Durchführungstermin sind dann völlig unbekannt.[92] Die folgende Abbildung zeigt, daß bezüglich des Planungsgrades drei Gruppen von Instandhaltungsmaßnahmen unterschieden werden können.

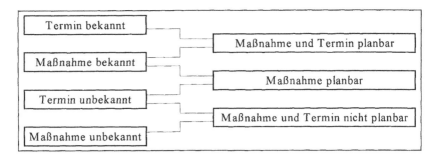

Abbildung 25: Planbarkeit von Instandhaltungsmaßnahmen[93]

Abbildung 25 verdeutlicht, daß auch Instandhaltungsmaßnahmen, deren Durchführungstermin vollkommen ungewiß ist, planbar sind. Es können bereits Angebote eingeholt, die Vorkalkulation durchgeführt und die notwendigen Personalkapazitäten, Werkzeuge und Materialien angegeben werden. Eine Instandhaltungsmaßnahme, deren Durchführungstermin bereits bekannt ist, kann noch detaillierter geplant werden. Es ist möglich, das erforderliche Material zu reservieren und die notwendigen Personalkapazitäten freizuhalten. Dafür und für die anschließende Durchführung der Maßnahme, können die Unterlagen der Vorplanung genutzt werden.[94]

---

[92] Störungen weisen in den meisten Fällen diese Merkmale auf.
[93] Von der Verfasserin.
[94] Vgl. : Bloß, Clemens: Organisation der Instandhaltung, S. 24

52

Bisher gibt es in der Instandhaltung der Muster Papierfabrik keinen Arbeitsvorbereiter. Alle planenden und vorbereitenden Tätigkeiten werden vom Instandhaltungsleiter durchgeführt. Die Einteilung und Anweisung der Handwerker, die Überprüfung des Materialbestandes und die Kontrolle der Maßnahmen übernimmt der Meister. Für die Zukunft sind vier Varianten denkbar:

- 1 Arbeitsvorbereiter, 1 Meister Elektrowerkstatt und 1 Meister BMR-Werkstatt,
- 1 Arbeitsvorbereiter, 1 Meister Papiermaschine 1 und APE, 1 Meister Papiermaschine 3 und Verarbeitung,
- 1 Arbeitsvorbereiter und 1 Meister,
- 2 Arbeitsvorbereiter.

Die erste Variante entspricht der derzeitigen Personalsituation in der Instandhaltung der Muster Papierfabrik.[95] Da immer mehr Personal in den Werkstätten abgebaut wird, wird es in Zukunft nicht mehr nötig sein, zwei Meister zu beschäftigen. Die zweite Möglichkeit weist lediglich eine andere Zuordnung der Meister auf. Erst durch die Realisierung der dritten oder vierten Variante können die Personalkosten gesenkt werden. Bei der Variante drei ist die Aufgabenteilung zwischen Arbeitsvorbereiter und Meister wie folgt vorzunehmen: Während der Arbeitsvorbereiter die Instandhaltungsmaßnahmen plant, vorbereitet und auswertet, teilt der Meister die Handwerker ein, weist sie an und kontrolliert die Arbeiten. Fremdinstandhaltungsmaßnahmen werden vom Einkauf bestellt. Der Meister weist die Fremdinstandhalter ein und nimmt die Endkontrolle der Fremdinstandhaltung vor. Bei der vierten Möglichkeit werden die Aufgaben der Meister und des Instandhaltungsleiters von Arbeitsvorbereitern übernommen. Da der Arbeitsumfang von einem Arbeitsvorbereiter nicht zu bewältigen ist, wird die Muster Papierfabrik bezüglich der Instandhaltung in zwei Bereiche gegliedert.

---

[95] Der Instandhaltungsleiter hat in etwa dieselbe Funktion eines Arbeitsvorbereiters.

Die Aufteilung könnte wie folgt aussehen:

Bereich 1: Papiermaschine 1, Altpapierentfärbung, Restwasserklärung, Stromumformung und Verteilung, Wasserturbinen

Bereich 2: Papiermaschine 3, Doublierwerke, Taschentuchautomaten, Wasserversorgung, Aufzüge und Sonstiges[96]

Diese beiden Bereiche werden jeweils von einem Arbeitsvorbereiter betreut.[97] Jeder Arbeitsvorbereiter hat in seinem Bereich die Instandhaltungsmaßnahmen zu planen und vorzubereiten, die Handwerker einzuteilen und anzuweisen, die Arbeiten zu kontrollieren und Analysen durchzuführen. Mit der zuletzt vorgestellten Möglichkeit können die größten Einsparungen bei den Personalkosten erzielt werden, da auch die Bestellung von Fremdinstandhaltungsmaßnahmen von den Arbeitsvorbereitern übernommen wird. Gegenüber der dritten Variante besteht zudem der Vorteil, daß die Handwerker dem jeweiligen Arbeitsvorbereiter direkt unterstellt sind und somit eine Hierarchieebene entfällt. Weiterhin können sich die Arbeitsvorbereiter auf ihren festgelegten Bereich konzentrieren. Aufgrund der genannten Vorteile fällt die Entscheidung zugunsten von Variante vier aus.

Wenn der Arbeitsvorbereiter den Arbeitsauftrag aufruft, überprüft er zuerst die Angaben des Arbeitsauftrages auf Vollständigkeit und Genauigkeit. Sind die Informationen für eine ordnungsgemäße Weiterbearbeitung nicht ausreichend, so ist der Sachverhalt telefonisch oder vor Ort mit der anfordernden Stelle zu klären.[98] Fehlende Angaben werden durch den Arbeitsvorbereiter eingetragen. Anschließend wird eine Arbeitsauftragsnummer vergeben.[99] Die Zusammensetzung der Arbeitsauftragsnummer bleibt wie bisher bestehen. Für den Fall, daß mehrere Bereiche an dem Auftrag arbeiten, wird sie jedoch um eine Ziffer erweitert. Werden zum Beispiel die Elektrowerkstatt und das Bau-Tochterunternehmen mit einer Instandhaltung beauftragt, so erhält die Elektrowerkstatt den Auftrag unter der Nummer

---

[96] Die beiden Bereiche wurden unter Berücksichtigung des Arbeitsumfanges in den einzelnen Kostenstellen von Januar 1996 bis Juli 1997 und der Zusammengehörigkeit der Kostenstellen gebildet. Die nicht einzeln aufgeführten Kostenstellen (mit „Sonstiges" bezeichnet) erstellen handschriftliche Arbeitsaufträge und leiten diese an den Arbeitsvorbereiter weiter. PM 2 wird in naher Zukunft nicht mehr zum Unternehmen gehören.
[97] Das Taschentuch-Tochterunternehmen nimmt vorwiegend Instandhaltungsleistungen von Automatenmechanikern in Anspruch. Da diese mündlich angefordert werden, ist für sie keine Arbeitsvorbereitung erforderlich.
[98] Siehe dazu auch: Hinsch, Freimut: Der Instandhaltungsberater, Kapitel 05300, S. 6

170329 1. Das Bau-Tochterunternehmen bearbeitet den Auftrag unter der Nummer 170329 2. Mittels der Angaben über die zu belastende Kostenstelle, die Baugruppe und das Bauteil, kann nach einem ähnlichen Arbeitsauftrag aus der zurückliegenden Zeit gesucht werden. Dieser Auftrag wird als Präzedenzfall genutzt.[100] Allgemein gültige Angaben[101] des Musterauftrages werden in den neuen Auftrag übernommen. Anhand der vorhandenen Angebote kann entschieden werden, wem die Ausführung der Maßnahme übertragen wird. Haben die Angebote ihre Gültigkeit verloren, müssen Neue eingeholt werden. Das einholen von Angeboten erfolgt mittels Anfrageformular[102]. Die Nummer der Anfrage wird auf dem Arbeitsauftrag Tab 3 (Abbildung 26) eingegeben. Geht das Angebot ein, so wird dieser Nummer der Preis und die Gültigkeit des Angebotes zugeordnet. Die ausführende Stelle kann nun ausgewählt und in den Arbeitsauftrag eingegeben werden.

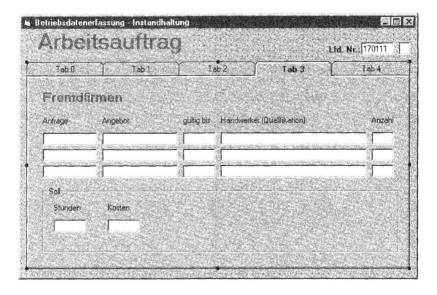

Abbildung 26: Arbeitsauftrag - Tab 3[103]

---

[99] Bis zu dem Zeitpunkt, zu dem die Arbeitsauftragsnummer vergeben wird, kann der Auftrag gelöscht werden.
[100] Als Präzedenzfall ist immer der Auftrag zu betrachten, der möglichst die gleiche (zumindest aber eine ähnliche) Instandhaltungsmaßnahme beinhaltet und am aktuellsten ist.
[101] Zu diesen Angaben gehören beispielsweise Auftragsart, Soll-Stunden, Soll-Kosten, Materialien und Werkzeuge, die sich nicht in den Werkzeugkästen der Handwerker befinden.
[102] Siehe Anlage 7: Anfrageformular
[103] Von der Verfasserin. EDV-technische Umsetzung durch Herrn Mustermann, Martin.

Aus dem Materialentnahmeschein des Musterauftrages ersieht der Arbeitsvorbereiter die notwendigen Materialien. Er überprüft deren Bestand im Computer. Ist das Material vorhanden, kopiert er die Angaben aus dem vorliegenden Materialentnahmeschein in einen neuen Materialentnahmeschein[104]. Anderenfalls stellt er eine Bedarfsmeldung (Abbildung 27) aus und leitet diese an den Einkauf weiter. Handelt es sich um Kleinmaterial und Hilfsstoffe, übernimmt der Arbeitsvorbereiter die Beschaffung.[105] Dadurch können sowohl Kosten als auch Zeit gespart werden.

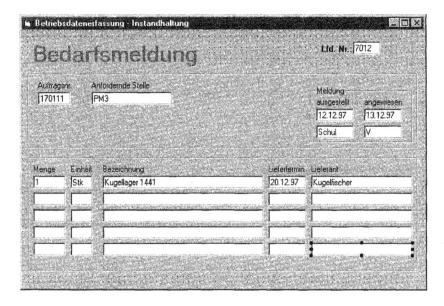

Abbildung 27: Bedarfsmeldung - neu[106]

Wenn das Material eingetroffen ist, wird der Arbeitsvorbereiter anhand einer Liste (Abbildung 28) über den Wareneingang informiert. Die Angaben dieser Liste werden automatisch aus der Bedarfsmeldung übernommen. Das Personal am Wareneingang gibt lediglich das Datum des Wareneingangs ein. Falls nicht die bestellte Menge eingegangen ist, wird sie korrigiert.

---

[104] Die Materialentnahmescheinnummer wird zentral vom Magazinmitarbeiter vergeben.
[105] Es ist darauf zu achten, daß im Vorfeld genau abgegrenzt wird, welche Materialien durch den Arbeitsvorbereiter beschafft werden. Dafür kann beispielsweise eine Wertgrenze festgelegt werden.
[106] Von der Verfasserin. EDV-technische Umsetzung durch Herrn Mustermann, Martin.

Wareneingänge der letzten 5 Tage

Menge	Einheit	Bezeichnung	Ko.-stelle/Auftr.-Nr.	eingetroffen am

Abbildung 28: Liste zur Wareneingangsinformation[107]

Der Arbeitsvorbereiter stellt nun den Materialentnahmeschein (Abbildung 29) aus. Danach legt er den Durchführungstermin und die Handwerker, die den Auftrag ausführen sollen, fest und trägt sie auf dem Auftrag ein (Abbildung 30). Anschließend werden Datum und Name unter dem Feld „Auftrag angewiesen" eingetragen. Der Arbeitsauftrag (Tab 0 und Tab 1) wird für die Handwerker gedruckt.

Materialentnahmeschein				**Nr.**		
lfd. Nr.	Menge	Einheit	Artikelnummer	Bezeichnung	Lager
1					
2					
3					
4					
5					
6					
7					
8					
9					
10					
zu belastende Kostenstelle:			Material ausgegeben		Material erhalten	
Arbeitsauftrags-Nr.:			Datum	Name	Datum	Name
erstellt am:	von:					

Abbildung 29: Materialentnahmeschein - neu[108]

---

[107] Von der Verfasserin.
[108] Von der Verfasserin.

Für den Fall, daß kein Musterauftrag vorhanden ist, müssen Angebote eingeholt und der Arbeitsauftrag erstellt werden. Dieser Instandhaltungsauftrag dient dann später als Präzedenzfall.

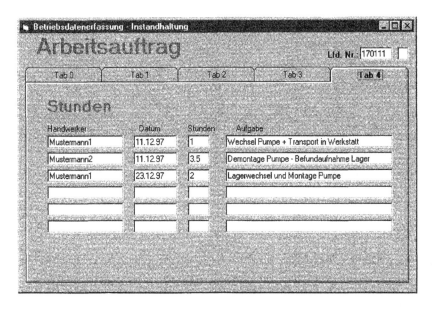

Abbildung 30: Arbeitsauftrag - Tab 4[109]

Wenn der Arbeitsauftrag einer Fremdfirma[110] (fiktive „Kostenstelle": 9999) übertragen wird, ist es nicht immer notwendig, einen Materialentnahmeschein zu erstellen. Fremdfirmen verwenden zum Teil eigenes Material. Bei der Fremdvergabe der Instandhaltungsleistungen werden die Angaben aus dem Arbeitsauftrag auf ein Auftragsformular[111] mit der gleichen Auftragsnummer übertragen. Der Auftrag wird ausgedruckt und zusammen mit weiteren notwendigen Arbeitsunterlagen an die Fremdfirma versandt. Eine Bedarfsmeldung an den Einkauf wird damit überflüssig.

---

[109] Von der Verfasserin. EDV-technische Umsetzung durch Herrn Mustermann, Martin.
[110] Sowohl das Bau-Tochterunternehmen als auch die Instandhaltungsniederlassung gelten hier nicht als Fremdfirma.
[111] Siehe Anlage 8: Auftragsformular für Fremdinstandhaltungen

Störungen haben die Eigenschaft, daß ihr Eintrittstermin ungewiß ist. Auch Art und Ursache der Störung sind in den meisten Fällen unbekannt. Aus diesem Grund ist eine Vorplanung fast immer unmöglich. Wird der Arbeitsvorbereiter von einer Störung in Kenntnis gesetzt, muß er, im Fall der Eigeninstandhaltung, sofort die erforderlichen Handwerker von ihren derzeitigen Tätigkeiten abrufen. Ist die Störung nur durch Fremdinstandhalter zu beheben, so ist die entsprechende Fremdfirma telefonisch zu informieren. Das nötige Material ist mittels Materialentnahmeschein aus dem Magazin zu beschaffen. Wenn dies allerdings nicht vorhanden ist, muß der Arbeitsvorbereiter für eine schnelle und möglichst kostengünstige Materialbeschaffung sorgen.

3.5.3 Durchführung von Instandhaltungsmaßnahmen

3.5.3.1 Instandhaltung durch eigene Werkstätten

Der Arbeitsvorbereiter bestimmt einen Teamleiter aus der Gruppe der zu beauftragenden Handwerker. Dieser erhält den Arbeitsauftrag (Tab 0 und Tab 1) einschließlich beiliegender Arbeitsunterlagen, wie Materialentnahmeschein, Skizzen usw. Zudem wird ihm die Verantwortung für diesen Auftrag übertragen. Aufgrund der exakt ausgefüllten Arbeitsunterlagen sind Arbeitsanweisungen vor Ort nur in Ausnahmefällen durch den Arbeitsvorbereiter nötig.

Die Handwerker können nun sofort das Material aus dem Magazin entnehmen. Der Magazinmitarbeiter versieht den Materialentnahmeschein mit einer Nummer und bestätigt mit seiner Unterschrift die Materialausgabe. Ein Handwerker quittiert die Materialentnahme und überträgt die Materialentnahmescheinnummer auf das Arbeitsauftragsformular. Das Werkzeug wird aus der Werkzeugausgabe oder der Werkstatt beschafft. Mit Hilfe der Angaben auf dem Arbeitsauftrag, suchen die Handwerker die instand zu haltende Baugruppe auf und melden sich beim Schichtleiter. Nach eventuellen Sicherungsmaßnahmen kann mit der Arbeit begonnen werden. Bei der Durchführung der Instandhaltungsmaßnahme kann es passieren, daß zusätzlicher Materialbedarf notwendig wird. In diesem Fall sind die erforderlichen Materialien mittels Materialentnahmeschein, aus dem Magazin zu entnehmen.[112] Die Materialentnahmescheinnummer wird wiederum auf dem Arbeitsauftragsformular eingetragen.

Störungen, sind oft unter Zeitdruck zu beheben. Deshalb ist bei der Durchführung der Instandhaltung besonders auf die Einhaltung von Sicherheitsmaßnahmen zu achten. Im Anschluß an die abgeschlossene Instandhaltungsmaßnahme ist der Arbeitsauftrag am Computer in der anfordernden Stelle zu erstellen. Dort können bereits alle bekannten Daten eingegeben werden. Die Auftragsnummer wird später vom Arbeitsvorbereiter vergeben.

3.5.3.2. Instandhaltung durch Fremdfirmen

Bei der Durchführung der Instandhaltung durch Fremdfirmen ist zunächst zu unterscheiden, ob es sich um das Bau-Tochterunternehmen, die Instandhaltungsniederlassung oder um andere Fremdinstandhalter handelt. Sowohl das Bau-Tochterunternehmen als auch die Instandhaltungsniederlassung erhalten - ebenso wie die eigenen Werkstätten - Arbeitsaufträge.[113] Falls erforderlich, bekommen sie einen Materialentnahmeschein, Skizzen usw. Aufgrund der Ortskenntnis der Handwerker dieser beiden Fremdfirmen ist eine Einweisung vor Ort nur in Ausnahmefällen notwendig. Handwerker anderer Fremdfirmen werden an Ort und Stelle vom Arbeitsvorbereiter oder dem Schichtleiter eingewiesen. Material aus dem Magazin, das für den Arbeitsauftrag verwendet werden soll, wird vorab mittels Materialentnahmeschein entnommen und am Arbeitsort bereitgestellt. Der für die Materialbereitstellung verantwortliche Mitarbeiter wird in Abstimmung zwischen dem Arbeitsvorbereiter und dem Bereichsleiter festgelegt.

Für die Störungsbehebung durch Fremdfirmen gilt, daß diese telefonisch über die Störung informiert werden. Die nötigen Materialien sind bis zum Eintreffen der Fremdinstandhalter am Arbeitsort bereitzustellen. Dadurch ist es möglich, daß sofort nach der Ankunft der Fremdinstandhalter mit der Störungsbehebung begonnen werden kann. Bis zum Ende der

---

[112] Der Materialentnahmeschein wird vom Magazinmitarbeiter im Computer erstellt und kann so vom Arbeitsvorbereiter jederzeit aufgerufen werden.
[113] Angaben über die zu beauftragenden Handwerker entfallen bei diesen Arbeitsaufträgen.

Ausführung der Instandhaltungsmaßnahme sind die Auftragspapiere auszustellen. Diese dienen dann als Grundlage für die Abrechnung der Fremdinstandhaltung.

3.5.4 Kontrolle und Abrechnung der Instandhaltungsmaßnahmen

Haben die Handwerker die Instandhaltungsmaßnahme abgeschlossen, wird ein kurzer Arbeitsbericht (Abbildung 31) und die Anzahl der Arbeitsstunden der einzelnen Handwerker für diese Maßnahme in den Computer eingegeben sowie der Schichtleiter informiert. Er kontrolliert, soweit möglich, die ordnungsgemäße Erfüllung des Arbeitsauftrages und die Eintragungen der Handwerker zur Anzahl der Arbeitsstunden. Anschließend bestätigt er die durchgeführte Kontrolle auf dem Arbeitsauftrag. Handelt es sich um Instandhaltungsmaßnahmen, die vom Arbeitsvorbereiter kontrolliert werden müssen, so ist dieser über die Beendigung der Arbeit zu informieren. Nach der Endkontrolle bringen die Handwerker das benötigte Werkzeug zurück und übergeben dem Arbeitsvorbereiter das Arbeitsauftragsformular. Der Arbeitsvorbereiter schließt den Arbeitsauftrag ab, indem er die Materialentnahmescheinnummer sowie die Gesamtzahl der Handwerkerstunden eingibt und dem Arbeitsauftrag die tatsächlich verursachten Kosten für die Instandhaltungsleistung zuordnet (Abbildung 31).[114] Er kann sofort die entstandenen Kosten mit den kalkulierten Kosten vergleichen. Ursachen für Abweichungen können untersucht, mit den beteiligten Handwerkern besprochen und bei einem ähnlichen Auftrag vermieden werden.[115]

---

[114] Aufgrund der derzeitigen Computerunterstützung in der Materialwirtschaft, ist es nicht möglich, die entstandenen Materialkosten in der Arbeitsvorbereitung abzurufen. Deshalb können sie nicht in den Arbeitsauftrag eingetragen werden. Somit können die Materialkosten bei der Planung und Kontrolle der Instandhaltungskosten eines Arbeitsauftrages nicht ohne großen Aufwand einbezogen werden.

[115] Vgl. dazu auch: Bloß, Clemens: Organisation der Instandhaltung, S. 22

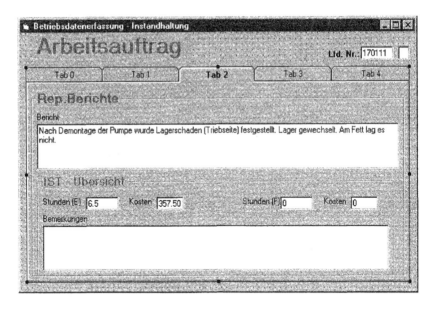

Abbildung 31: Arbeitsauftrag - Tab 2[116]

Die Kontrolle von Fremdinstandhaltungsmaßnahmen wird ebenfalls vom Schichtleiter oder vom Arbeitsvorbereiter vorgenommen. Die Leistung wird auf dem Auftragsformular quittiert. Die Anzahl der Arbeitsstunden der Fremdinstandhalter werden im Computer erfaßt. Diese Angabe dient der Kontrolle der Rechnungen. Die Rechnungen der Fremdfirmen müssen die Auftragsnummer enthalten. Dadurch wird eine schnelle und unkomplizierte Abrechnung ermöglicht. Nach Rechnungseingang prüft der Arbeitsvorbereiter die Rechnung auf ihre Richtigkeit und gibt auf ihr die zu belastende Kostenstelle an. Instandhaltungsleistungen, die ohne gesonderten Arbeitsauftrag von der Instandhaltungsniederlassung erbracht werden, sind wie bisher in Rechnung zu stellen.[117] Die Buchung der Fremdleistungen erfolgt weiterhin wie unter Punkt 2.4.3 beschrieben.

Materialentnahmescheine werden vom Magazin direkt in die Materialbuchhaltung weitergegeben. Dort wird das Material vom Bestandskonto auf das Verbrauchskonto gebucht. Bei dieser Buchung wird die Kostenstelle, für die das Material verwendet wurde, angegeben.

---

[116] Von der Verfasserin. EDV-technische Umsetzung durch Herrn Mustermann, Martin.

Alle Arbeitsstunden (sowohl auftragsbezogen als auch nicht auftragsbezogen geleistet) werden von den Handwerkern auf Arbeitskarten (Abbildung 32) eingetragen und am Monatsende der Personalbuchhaltung zur Verfügung gestellt.

Arbeitskarte			Handwerker:	
Datum	Stunden	Arbeitszeit	Arbeitsauftragsnummer/Tätigkeit	Kostenstelle
		N Ü Z		
		N Ü Z		
		N Ü Z		
		N Ü Z		
		N Ü Z		
		von:	bis:	von:	bis:	Gesamt:
Urlaub						
Krankheit						
Freistellung						
Datum:			Unterschrift:			

Abbildung 32: Arbeitsauftragskarte - neu[118]

Die Personalbuchhaltung erhält außerdem eine Liste (Abbildung 33) der auftragsbezogen geleisteten Arbeitsstunden je Handwerker. Durch sie wird der Aufwand er Dateneingabe verringert, da lediglich die Arbeitszeit von der Arbeitskarte auf die Liste übertragen werden muß. Das Rechnungswesen erhält gleichfalls eine Liste der auftragsbezogen erbrachten Handwerkerstunden. Diese enthält jedoch keine Angaben über die Handwerker. Statt dessen ist jeder Auftragsnummer die leistende und die empfangende Kostenstelle zugeordnet. Die in dieser Liste angegebenen Stundenzahlen stellen somit die Summe aller Stunden dar, die von einer ausführenden Stelle auf einen Arbeitsauftrag geleistet wurden.

---

[117] Das betrifft vor allem Wartungs- und Inspektionsmaßnahmen.
[118] Von der Verfasserin.

Arbeitsauftragsbezogen geleistete Handwerkerstunden		
Arbeitsauftragsnummer	Handwerker	Stunden
234567	Schulz, B.	10,50

Abbildung 33: Liste zur Abrechnung der auftragsbezogen geleisteten Handwerkerstunden[119]

Die Personalbuchhaltung leitet die Auswertung nach Kostenstellen (siehe Punkt 2.4.3) an das Rechnungswesen weiter. Dort wird die Berechnung der Stundensätze und die Verrechnung der Leistungen auf die zu belastenden Kostenstellen wie bisher vorgenommen. Der Durchschnitt der Stundensätze des vorletzten Quartals wird dem Arbeitsvorbereiter für die Vorkalkulation der Personalkosten der Eigeninstandhaltung zur Verfügung gestellt.[120]

3.6 Dokumentation

„Die Dokumentation der ausgeführten Instandhaltungsmaßnahmen schließt sich zeitlich an die Auftragsausführung an oder findet parallel zu ihr statt. Sie bildet die Grundlage für die Führungsprozesse der Kontrolle der Aufträge, der Schwachstellenanalyse, der Festlegung von Instandhaltungsstrategien sowie der Disposition und Steuerung künftiger Aufträge."[121]

Die Störungsursache (falls diese im Vorfeld nicht bekannt war) und daraus entstandene Schäden, die tatsächlich durchgeführte Maßnahme sowie Anmerkungen zum Zustand der Anlage werden durch den Handwerker im Arbeitsbericht angegeben. Die Eingabe des Arbeitsberichts erfolgt dezentral direkt in den Computer der anfordernden Stelle. Die Ist-Kosten der Instandhaltungsleistung des Auftrages werden zentral durch den Arbeitsvorbereiter

---

[119] Von der Verfasserin.
[120] Da die Stundensätze erst nach Monatsende ermittelt werden können, ist es nicht möglich, den Durchschnitt der Stundensätze aus dem vorangegangenen Quartal für die Vorkalkulation zu nutzen.
[121] Bloß, Clemens: Organisation der Instandhaltung, S. 28

ermittelt und erfaßt.[122] Anhand der Zuordnung der Arbeitsaufträge zu einer Auftragsart, kann die Einhaltung der festgelegten Instandhaltungsstrategien überprüft werden.

Die in Anlage 5 dargestellte Anlagenstruktur ermöglicht eine bessere Übersicht über die einzelnen Baugruppen der wichtigsten Kostenstellen. Dadurch kann der Standort des instand zu haltenden Bauteils auf dem Arbeitsauftrag genauer beschrieben werden. Die wichtigsten Bauteile (Motoren, Pumpen und Walzen) können aufgrund ihrer Numerierung genau benannt werden. Die Karteikarten der Motoren und Transformatoren sind wie bisher weiterzuführen.

Dadurch, daß die Eingabe der Instandhaltungsdaten zeitnah vorgenommen wird, ist es jederzeit möglich, aktuelle Informationen über den Fortschritt der Aufträge abzurufen. Zu diesem Zweck wurde die folgende Übersicht entwickelt. Sie enthält alle offenen und die in den letzten 5 Tagen abgeschlossenen Arbeitsaufträge. Alle Daten der Fortschrittsanzeige werden automatisch aus dem Arbeitsauftrag übernommen. Sobald der Arbeitsvorbereiter die Arbeitsauftragsnummer eingegeben hat, erscheint diese gemeinsam mit dem Ausstellungsdatum in der Fortschrittsanzeige. Später werden der eingetragene Termin und das Datum der Kontrolle übertragen. Der Arbeitsauftrag gilt als abgeschlossen, wenn die Ist-Kosten in den Arbeitsauftrag eingegeben wurden.

Fortschrittsanzeige der Arbeitsaufträge				
Arbeitsauftragsnummer	Ausgestellt	Durchgeführt	Kontrolliert	Abgeschlossen

Abbildung 34: Fortschrittsanzeige der Arbeitsaufträge[123]

Die Dokumentation dient einerseits als Nachweis für durchgeführte Wartungs-, Inspektions- und Sicherheitsmaßnahmen. Andererseits stellt sie Daten für Schwachstellenanalysen und die

---

[122] Da die aktuellen Stundensätze der eigenen Handwerker, wie bereits erwähnt, erst nach Monatsende vorliegen, werden die Stundensätze aus der Vorkalkulation genutzt. Die so ermittelten „Ist-Kosten" sind ausreichend für Analysezwecke der Instandhaltung.
[123] Von der Verfasserin.

Wirtschaftlichkeitsüberprüfung von Ersatzinvestitionen zur Verfügung. Außerdem wird mit Hilfe der Dokumentation die Budgetierung vereinfacht. Zentrales Dokument ist dabei immer der Arbeitsauftrag.

3.7 Analysen und Auswertungen

Aufgetretene Störungen werden vom Arbeitsvorbereiter analysiert. Diese Analyse sollte gleich im Anschluß an die Vergabe der Auftragsnummer durchgeführt werden. Aus den Ergebnissen der Analyse, sind die entsprechenden Konsequenzen für die weitere Instandhaltung zu ziehen. Falls erforderlich, ist die angewandte Instandhaltungsstrategie zu ändern. Alle an der Störung beteiligten Bereiche, sind über die Ergebnisse der Analyse zu informieren.

Schwachstellenanalysen können mit Hilfe einer dafür entwickelten Übersicht (Abbildung 35) für jede Baugruppe bzw. für jedes Bauteil vorgenommen werden. Durch die Angabe der Auftragsart wird es möglich, aus einem Diagramm die Zeitabstände zwischen Störungen an einer Baugruppe oder einem Bauteil abzulesen. Weiterhin wird die Anzahl der Störungen pro Monat bzw. pro Jahr aus Tabellen ersichtlich. Sowohl das Diagramm als auch die Tabellen erleichtern das Auffinden von Schwachstellen. Regelmäßig auftretende Störungen sind leichter erkennbar. Dadurch ist es einfacher, sich auf Störungen einzustellen oder im Vorfeld Gegenmaßnahmen zu ergreifen.

Schwachstellenanalyse			Baugruppe/Bauteil				
Arbeits-auftrags-Nr.	zu belastende Kostenstelle	Baugruppe	Bauteil	Eigen-leistung	Fremd-leistung	Durch-führungs-datum
				DM	DM	

Abbildung 35: Liste zur Schwachstellenanalyse[124]

---

[124] Von der Verfasserin.

Die Instandhaltungsmaßnahmen, die von den einzelnen Kostenstellen in Anspruch genommen wurden, sind monatlich aus der „Auswertung nach zu belastenden Kostenstellen" ersichtlich. Diese Liste wird von der Kostenrechnung ausgearbeitet und dem Arbeitsvorbereiter zur Verfügung gestellt. Dabei wird in Eigeninstandhaltung, Fremdinstandhaltung und Instandhaltungsmaterial unterschieden. Eine ähnliche Auswertung nach Baugruppen, kann jederzeit vom Arbeitsvorbereiter vorgenommen werden. Dafür kann er die Liste für die Wirtschaftlichkeitsüberprüfung von Ersatzinvestitionen nutzen.

Die Wirtschaftlichkeit der einzelnen Baugruppen sollte in regelmäßigen Abständen im Hinblick auf eine Ersatzinvestition überprüft werden. Die Daten aus der Instandhaltung können für jede Baugruppe in Form einer Liste (Abbildung 36) zur Verfügung gestellt werden. Diese resultiert aus den Arbeitsaufträgen, ist immer aktuell und kann jederzeit abgerufen werden. Die Liste enthält pro Baugruppe, nach Arbeitsaufträgen geordnet, die Instandhaltungsleistungen der Eigen- und Fremdinstandhaltung in DM. Sowohl für die einzelnen Nutzungsjahre (N1, N2 usw.) als auch für die gesamte bisherige Nutzungszeit können die Kosten für die Instandhaltungsleistungen pro Baugruppe abgelesen werden. Leider ist es aus technischen Gründen nur mit hohem Aufwand möglich, die auftragsbezogenen Materialkosten in die Arbeitsaufträge einzugeben. Deshalb müssen die Kosten für Instandhaltungsmaterial gesondert von der Materialbuchhaltung zur Verfügung gestellt werden.

| Instandhaltungsdaten zur Ersatzinvestition | | Datum |
| Baugruppe | | |
Arbeitsauftragsnummer	Eigeninstandhaltung	Fremdinstandhaltung
	DM	DM
	DM	DM
Summe N1:	DM	DM
Summe N2:	DM	DM
Gesamtsumme:	DM	DM

Abbildung 36: Instandhaltungsdaten zur Ersatzinvestition[125]

Einen Überblick über die Häufigkeit der verschiedenen Auftragsarten gibt ein Säulendiagramm. Es dient auch zur Überprüfung der Einhaltung der festgelegten Instandhaltungsstrategien.

---

[125] Von der Verfasserin.

4 Gegenwart und Zukunft der Instandhaltung der Muster Papierfabrik

4.1 Erreichbare Verbesserungen

Die im Kapitel 3 beschriebenen Maßnahmen führen zu einer verbesserten Instandhaltung in der Muster Papierfabrik. Die meisten, bei der Ist-Analyse erkannten Probleme, können durch die Umsetzung des ausgearbeiteten Konzeptes beseitigt werden.

Instandhaltungsziele, die entsprechend dem Beispiel (Punkt 3.1) ausreichend formuliert werden, können im Hinblick auf den Zielerreichungsgrad kontrolliert werden. Die daraufhin folgende Information der Instandhaltungsmitarbeiter über die Zielerreichung trägt zu deren Motivation bei. Instandhaltungsstrategien, die für einzelne Anlagen oder Anlagenteile festgelegt sind, geben einen Rahmen für die Wahl der richtigen Instandhaltungsmaßnahmen sowie die Material- und Ersatzteilbeschaffung vor.

Reparaturpläne enthalten zur besseren Übersicht Angaben über Beginn und Ende der einzelnen Instandhaltungsmaßnahmen. Damit werden Überschneidungen der durchzuführenden Maßnahmen und Wartezeiten der Handwerker vermieden. Eine optimale Nutzung der Stillstandszeit wird ermöglicht.

Der Anteil schriftlicher Arbeitsaufträge wird sich erhöhen. Dies wird vor allem durch einen geringeren Aufwand und eine verbesserte Handhabbarkeit bei der Anforderung und Abwicklung der Arbeitsaufträge gewährleistet. Schriftliche Arbeitsaufträge haben mehrere Vorteile. Zum einen ermöglichen sie die Planung und Vorbereitung der Instandhaltungsmaßnahmen. Dadurch verkürzen sich die Ausführungszeiten, was zu geringeren Ausfallzeiten und damit zur Kostensenkung führt. Weiterhin gewährleisten schriftliche Arbeitsaufträge eine exakte und verursachungsgerechte Abrechnung. Das hat zur Folge, daß Analysen über den Nutzen der Instandhaltung eines Bauelements durchgeführt werden können. Zudem können Statistiken, zum Beispiel zur Schwachstellenanalyse, erstellt werden. Ein weiterer Vorteil schriftlicher Arbeitsaufträge besteht darin, daß stets ein aktueller Überblick über anstehende und abgeschlossene Instandhaltungsmaßnahmen vorhanden ist. Nicht zuletzt dienen schriftliche Arbeitsaufträge als Nachweis für durchgeführte Maßnahmen.

In Zukunft werden die Arbeitsaufträge von der anfordernden Stelle in Prioritätsstufen eingeordnet. Der Arbeitsvorbereiter orientiert sich, bei der Terminvergabe für die Instandhaltung, an der angegebenen Dringlichkeit.[126] Damit wird sichergestellt, das wichtige Arbeitsaufträge vorangestellt werden. Durch die Angabe der Kostenstelle, der Baugruppe und nach Möglichkeit des instand zu haltenden Bauteils, werden zu ungenaue Beschreibungen des Instandhaltungsobjektes vermieden. Die entwickelte Anlagenstrukturierung erleichtert die Auswahl des Instandhaltungsobjektes. Die Eingabe von Auftragsart und Störungsart vereinfacht die Beschreibung der erforderlichen Instandhaltungsmaßnahme. Notwendige Rückfragen können jedoch nicht in jedem Fall ausgeschlossen werden, da die Störungsursache nicht immer sofort erkennbar ist.

Vorkalkulationen werden für jeden schriftlichen Arbeitsauftrag durchgeführt. Dadurch wird die wirtschaftlichste Durchführung der Instandhaltung ermittelt und realisiert. Um den Aufwand der Vorkalkulation so gering wie möglich zu halten, kann die Vorkalkulation zurückliegender, nicht überalterter Arbeitsaufträge genutzt werden. Zur Zeit ist die Vorkalkulation weitestgehend auf die Kosten für die Instandhaltungsleistung beschränkt. Materialkosten können nicht ohne größeren zeitlichen Aufwand in die Vorkalkulation einbezogen werden. Deshalb sollten möglichst bald die technischen Voraussetzungen für eine unkomplizierte Übertragung der Materialkosten auf den Arbeitsauftrag geschaffen werden. Damit wird neben der Vorkalkulation auch die Nachkalkulation und Kontrolle der Instandhaltungsleistungen exakter.

Arbeitsunterbrechungen erfolgen in Zukunft nur in Störfällen. Wird dieses Prinzip nicht eingehalten, ergeben sich nicht unerhebliche Nachteile. Die Handwerker werden von ihrer momentanen Arbeit abgerufen und können sie erst später fortsetzen. Dadurch kann die Instandhaltung nicht zügig durchgeführt werden. Somit verlängern sich die Stillstandszeiten. Zudem verliert der Arbeitsvorbereiter den Überblick über die Tätigkeiten der Handwerker und kann nicht verbindlich mit den vorhandenen Personalkapazitäten rechnen.

---

[126] Von Zeit zu Zeit ist der Umgang mit den Dringlichkeitsstufen zu kontrollieren. Einerseits ist darauf zu achten, daß nicht nur die Prioritätsstufen 1 und 2 vergeben werden. Andererseits sind Arbeiten mit der Priorität 4 innerhalb einer festgelegten Zeit (beispielsweise in 4 Wochen) zu erledigen.

Durch die Eingabe des Arbeitsberichtes, der Arbeitsstunden der Handwerker sowie der Kontrollbestätigung in den Computer der anfordernden Stelle, ist eine sofortige Rückmeldung gewährleistet. Dem Arbeitsvorbereiter steht somit immer eine aktuelle Übersicht über eröffnete, laufende und abgeschlossene Instandhaltungsmaßnahmen zur Verfügung. Endkontrollen werden bei jeder Instandhaltungsmaßnahme durchgeführt. Im Vorfeld einer Instandhaltung wird festgelegt, ob die Endkontrolle durch den Schichtleiter oder den Arbeitsvorbereiter vorgenommen wird.[127] Die Kontrolle der Instandhaltungsleistungen ist für eine richtige Abrechnung und gleichzeitig für den Nachweis, daß die Leistung ordnungsgemäß erbracht wurde, erforderlich.

Über die Angabe der Materialentnahmescheinnummer auf dem Arbeitsauftrag kann jederzeit über die Materialbuchhaltung nachvollzogen werden, wieviel Materialkosten für diesen Auftrag entstanden sind. Die Abrechnung der Arbeitsstunden der eigenen Handwerker erfolgt über Arbeitsaufträge und Arbeitskarten.

Obwohl die Abrechnung der Instandhaltungsmaßnahmen weiterhin auf Kostenstellen erfolgt, können Schwachstellenanalysen und Ermittlungen des optimalen Zeitpunktes einer Ersatzinvestition vorgenommen werden. Das ist zum einen durch die Zuordnung der Material- und Personalkosten zum Arbeitsauftrag möglich. Auf diese Art und Weise, wird der Verwaltungsaufwand für das Rechnungswesen nicht erhöht. Dennoch stehen dem Arbeitsvorbereiter detaillierte Informationen zur Verfügung.

Analysen und Auswertungen, die der Optimierung der Instandhaltungsmaßnahmen dienen, werden durch die Computerunterstützung ermöglicht. Sie trägt außerdem erheblich zur Durchlaufzeitverkürzung bei.

---

[127] Für den Fall, daß der Arbeitsvorbereiter die Endkontrolle durchführt, vermerkt er dies auf dem Arbeitsauftrag - Tab 1 im Feld „Hinweise".

Die vorgeschlagene Änderung der Organisation der Instandhaltung der Muster Papierfabrik führt nach erfolgreicher Umsetzung zu folgenden Wettbewerbsvorteilen:

- Senkung der Personalkosten,
- Optimierung der Instandhaltungskosten,
- Verringerung der Ausfallkosten,
- Verkürzung der Stillstandszeiten,
- Reduzierung der ungeplanten Ausfälle bei Engpaßanlagen und
- Erhöhung der Anlagenverfügbarkeit.

4.2 Zukünftige Aufgaben

Obwohl bereits durch die Realisierung des erarbeiteten Konzeptes Wettbewerbsvorteile geschaffen werden, bestehen noch weitere Möglichkeiten, die Instandhaltung in der Muster Papierfabrik zu verbessern. Einige davon sollen an dieser Stelle kurz aufgezeigt werden:

Wie im Rahmen der Ist-Analyse festgestellt wurde, beschränken sich die Aufgaben der Handwerker nicht auf die Instandhaltung von Produktionsanlagen. Das hat zur Folge, daß sich die Handwerker nicht auf die Instandhaltung der Produktionsanlagen konzentrieren können, sondern mit zusätzlichen Aufgaben belastet werden. Deshalb sollten für Instandhaltungsmaßnahmen, die nicht die Produktionsanlagen betreffen, grundsätzlich Fremdfirmen beauftragt werden. Diese sind aufgrund ihrer Qualifikation in der Lage, die Arbeiten schneller und besser auszuführen. Zudem ist es dann nicht mehr erforderlich, Handwerker für derartige Tätigkeiten bereitzuhalten. Lediglich in zeitlich begrenzten Auftragsflauten ist es sinnvoll, die eigenen Handwerker mit kleineren Instandhaltungsmaßnahmen außerhalb des Produktionsbereiches zu beauftragen.

Ab dem Zeitpunkt, zu dem eine aktuelle Bestandsführung im Programm der Materialwirtschaft gewährleistet werden kann, ist es möglich, Reservierungen durchzuführen. Dadurch wird vermieden, daß vom Arbeitsvorbereiter Materialentnahmescheine für nicht vorhandene Bestände erstellt werden.

Für die Zusammenarbeit mit Fremdfirmen sollte grundsätzlich das Prinzip gelten, daß Aufträge, auf Angeboten basierend, erteilt werden. Dabei ist darauf zu achten, daß nach Möglichkeit Festpreise vereinbart werden. Die Abrechnung der Aufträge auf der Grundlage von geleisteten Arbeitsstunden ist zu vermeiden. Die Handwerker der Fremdfirma haben sonst kaum Interesse daran, die Arbeiten zügig durchzuführen.

Die Zeitermittlung von Instandhaltungstätigkeiten erfordert einen sehr hohen Aufwand. Da ein deutlicher Trend zur Fremdinstandhaltung sichtbar ist, erscheint es nicht sinnvoll, die Dauer einzelner Instandhaltungsmaßnahmen exakt zu ermitteln. Für die Planung von Instandhaltungsmaßnahmen (insbesondere für die Erstellung von Reparaturplänen) ist jedoch Wissen über deren Dauer erforderlich. Deshalb sind erstmalig durchzuführende Maßnahmen vom Arbeitsvorbereiter einzuschätzen und im Arbeitsauftrag - Tab 1, Feld „Hinweise" anzugeben. Diese Einschätzung ist nach der Ausführung der Instandhaltung mit der tatsächlichen Dauer zu vergleichen. Abweichungen sind in einem Gespräch mit dem Handwerker, der die Tätigkeit ausgeführt hat, zu analysieren. Für wiederholt durchzuführende Instandhaltungsmaßnahmen, dient die Dauer vorangegangener Arbeitsaufträge als Anhaltspunkt.

Um zu vermeiden, daß Instandhaltungsmaßnahmen aufgrund fehlender Ersatzteile nicht durchgeführt werden können, sind Schnell-Lieferverträge und Lagerverträge abzuschließen. Schnell-Lieferverträge garantieren, daß das notwendige Material innerhalb eines festgelegten Zeitraumes (z.B. innerhalb von 24 Stunden) geliefert wird. Lagerverträge werden vorrangig mit Lieferanten aus der näheren Umgebung abgeschlossen. Diese verpflichten sich zur Lagerung der vertraglich festgelegten Teile, die damit jederzeit abholbereit sind. Im Vorfeld solcher Vertragsabschlüsse, sind die Materialien und Ersatzteile hinsichtlich ihrer erforderlichen Verfügbarkeit und der sonst üblichen Lieferzeiten zu untersuchen. Dabei sind die Auswirkungen eines nicht vorhandenen Bauteils in Bezug auf die Kosten zu berücksichtigen.

Vorhandene Auswertungsmöglichkeiten sollten sowohl vom Arbeitsvorbereiter als auch von der Geschäftsleitung genutzt werden. Dadurch können Probleme und Schwachstellen frühzeitig erkannt und dementsprechend abgewendet oder beseitigt werden.

Abschließend ist auf die wichtigste Aufgabe hinzuweisen. Sie besteht darin, die Mitarbeiter zu motivieren. Dies ist sehr einfach durch ausreichende Informationen, Lob und Anerkennung sowie die Einbeziehung von Verbesserungsvorschlägen zu erreichen. Aber auch materielle Anreize, wie zum Beispiel Prämien, fördern die Produktivität und das Engagement der Mitarbeiter. Ohne deren Zufriedenheit und Motivation ist es kaum möglich, die Instandhaltung zu verbessern.[128]

---

[128] Vgl.: Ruthenberg, Rolf; Frühwald, Hansjörg; Frischkorn, Horst; Wilschek, Rolf: Gewinnsteigernde Instandhaltung: Erstmals: Bestellte Maschinenverfügbarkeit zu wettbewerbsfähigen Kosten, Köln 1990, S. 83

VII Anlagenverzeichnis

Anlage 1:

Lageplan der Muster Papierfabrik[133]

☒ Papiermaschine 1

☒ Papiermaschine 2

☒ Papiermaschine 3/Taschentuch-
   Tochterunternehmen

☐ Altpapierentfärbung

☒ Elektrowerstatt

☒ BMR-Werkstatt

☒ Instandhaltungsniederlassung

☒ Bauabteilung/Bau-
   Tochterunternehmen

☒ Automatenmechaniker/
   Elektrowerkstatt

---

[133] Vgl. : Arbeitsunterlage: Muster Papierfabrik: Lageplan

Auszug aus den Schmierplänen[134]

Gesamtwartungsplan für Abteilung PM 3	Mobil M1/DAC II				24.11.1995
Maschine / **Betr.Std Nr. Teil**	**Schmier stoff**	**Schmier Tätigkeit**	**Termin Wo-Jahr**	**Int Fix Wo Fix -?-**	**mer Bemerkung**
Abrolist. Fü.R.					
Doublierwerk III, Rollenschneidmaschine					
010 Führung Längsverst.	Lux 3	Nachschmier.	5-1996	12	WSP 4 St. 5 g
020 Führung Querverst.	Lux 3	Nachschmier.	5-1996	12	WSP 8 St. 5 g
030 Zahnräder Querverst.	Lux 3	Nachschmier.	19-1996	26	WSP nach Bedarf
040 Spindeln Querverst.	Lux 3	Nachschmier.	19-1996	26	WSP 4 St. 5 g
050 Getriebe Querverst.	Gear627	Wechseln	45-2000	260	WSP 0,3 l
05a Getriebe Querverst.	Gear627	Kontrolle	19-1995	26	WSP 0,3 l
Abrollstände.R.					
Rollenschneidmaschine III, 010 Schlittenführung	Lux 3	Nachschmier.	5-1996	12	WSP 12 St. 5 g
Abschlagschaber					
010 Kugelbüchsenlager	Lux 3	Nachschmier.			Rep WSP
Absenktisch R.					
Doublierwerk III, Rollenschneidmaschine 010 Drehpunktlager	Lux 3	Nachschmier.	46-1995	1	WSP 2 St. 5 g
020 Gelenke Pneumatikzyl.	Lux 3	Nachschmier.	49-1995	4	WSP 4 St. 4 g
Allg.Ballasp.PM3					
010 Getriebemotor	Gear627	Wechseln	45-1998	155	WSP 3 l
01a Getriebemotor	Gear627	Kontrolle	5-1996	12	WSP 3 l
020 Antriebsketten	Tac 81	Nachschmier.	5-1996	12	WSP nach Bedarf
030 Gewindespindeln	Tac 81	Nachschmier.	49-1995	4	WSP nach Bedarf
040 Gewindespindeln Lag.	Lux 3	Nachschmier.	49-1995	4	WSP 2 St. 0 g
Umpressmalze Blin Blindgebohrt					
010 Gelenkwelle	Lux 3	Nachschmier.	49-1995	4	WSP 3 St. bis Zeit austrl

---

[134] Schmierstoff GmbH Schmierstadt: Schmierplan Muster Papierfabrik, Schmierstadt November 1995, S. 1

Anlage 3:

Auszug aus einem Reparaturplan [135]

Verteiler:

l, d. 26.08.1997

Reparatur-Nr. 170319 PM 1
Reparatur-Nr. 170320 APE
Reparatur-Nr. 170321 RWK

Reparaturplan PM I, APE und Restwasserklärung am 03.09. 1997

PM 1:	Abstellen:	6.30 Uhr	Anfahren:	12.30 Uhr
APE:	Abstellen:	6.00 Uhr	Anfahren:	13.00 Uhr
Restw.Klär.	Abstellen:	6.30 Uhr	Anfahren:	13.00 Uhr

1. PM 1
1.1

1. Matwalze GW1 wechseln
    übergeben: ....
    übernommen: ....
2. Trockenausschußauflösung Propeller einbauen
3. Spritzrohr ASPW einbauen
4. Antriebsriemen letzte Leitwalze nach Kühlzylinder auflegen
5. Stoffauflauf - Formatschilde einbauen
6. Laufsteg von Egoutteur einbauen
7. PAMA-Spritzrohr im 3. Filz instandsetzen
8. Luftzylinder - Schaberbalken 3. Presse einbauen
9. Wartung Tambourkran
10. Dampfkopf 23 - Kohle wechseln
11. Ausschußschurre befestigen
12. Keilriemenkontrolle
13. Gautschknecht gangbar machen

---

[135] Arbeitsunterlage: Muster Papierfabrik: Reparaturplan PM 1, APE und Restwasserklärung, Musterstadt 26.08.1997, S. 1

Anlage 4:

Auszug aus dem Dienstleistungs- und Instandhaltungsvertrag zwischen der Muster Papierfabrik und dem Instandhaltungsunternehmen

„1. Instandhaltung der Produktionsanlagen

Davon ausgenommen sind:

- Kraftanlage (außer Wasserturbine), Energieversorgung
- Elektrische Anlagen, Transformatoren
- Elektroinstallationen
- Elektromotoren und Generatoren
- MSR-Anlagen
- Steuerhydraulik
- Gebäudetechnik (inkl. Heizung, Wasser, Entsorgung)
- Sanitärbereiche

Schnittstellen zwischen den Instandhaltungsbereichen der Muster Papierfabrik und dem Instandhaltungsunternehmen sind jeweils die Motorkupplungen.

2. Wartung und Inspektion

2.1 Zentralölschmierungen an den vorhandenen 3 (drei) Papiermaschinen:

- Öldruck, -stand, -temperatur an den Aggregaten zur Lagerschmierung
- Systeme auf Leckagen prüfen
- Haupt- und Nebenstromfilter wechseln bzw. auswaschen
- Ölstände an Lagern und Getrieben prüfen
- Leckölbehälter entleeren und reinigen
- Beseitigen von Ölrückständen im gesamten Bereich

2.2 Ölstandskontrollen, Fettschmierungen und Inspektionen an:

- Rührwerken
- Förderanlagen
- Pumpen
- Getrieben
- Mahlanlagen
- Hydraulikanlagen
- Sortierer, Entstipper, Fiberizer, etc.
- Papiermaschinen
- Ausrüstungsmaschinen
- Rohrleitungen

2.3 Ferner wird von dem Instandhaltungsunternehmen durchgeführt:

- Öluntersuchungen
- Ölwechsel mit Entsorgung
- Kleinstreparaturen bei Wartungen, die während der Produktion unter Einhaltung der Sicherheitsvorschriften mit normalem Werkzeug ausgeführt werden können.

3. Walzenservice

- Wartung der Walzenlager (Schmierung, Inspektion) nach Wartungsplan während und außerhalb der Produktion, soweit es die Sicherheitsbestimmungen zulassen.
- Walzenein- und -ausbau gem. Anforderung von der Muster Papierfabrik.
- Walzentransport innerhalb der Werksanlagen und zum Walzenlagen.
- Demontage und Montage einschließlich Kontrolle der Walzenlager, evtl. Erneuerung der Lager.
- Vorbereitung der Walzen zum Versand.
- Organisation und Durchführung von Schleifarbeiten bzw. Neubelegung von Walzen.
- Bauliche Absicherung für gefahrlose Walzentransporte sind von der Muster Papierfabrik zu schaffen.

4. Instandsetzungen (ohne Walzen)

- der Stoffaufbereitung, Mahlanlage, Deinkinganlage
- Pumpen und Getriebe
- Frisch- und Abwasseranlage, Wasserturbine
- Papiermaschinen und dazugehörige Anlagen
- WRG-Anlage (inkl. Filterwechsel und Wartung)
- Ausrüstungsmaschinen (RS, RPM, Dubliermaschine)
- Demontage und Montage von Einzelmaschinen inkl. Austausch von Einzelteilen und Baugruppen
- Transport innerhalb der Fabrikgebäude und zur Reparaturwerkstatt
- Vorbereitung der Maschinen und Baugruppen zum Versand bei Reparatur nach außerhalb
- Wechsel von Mahlgarnituren an Einzelmaschinen
- Beschaffung und Lagerung von Ersatz- und Verschleißteilen für alle von SPW zu wartenden bzw. instandzusetzenden Maschinen und Baugruppen. Zeitpunkt und Organisation werden in Verbindung mit der Nutzung des noch vorhandenen Ersatzteilbestandes gesondert abgestimmt.
- Krananlagen
- Aufzüge"[136]

---

[136] Dienstleistungs- und Instandhaltungsvertrag zwischen dem Instandhaltungsunternehmen und der Muster Papierfabrik, Musterstadt o.J., Anhang I: S. 2-3

XVI

Anlage 5:

Baugruppen der wichtigsten Kostenstellen[137]

Papiermaschine 1 2110	Papiermaschine 3 2130	Taschentuchautomaten 2400	Doublierwerke 2290
101 Stoffaufbereitung	102 Stoffauflauf	130 Perforieren, Schneiden, Falten	140 Doublierwerk 1
103 Konstantteil/Stoffauflauf	104 Siebpartie	131 Einzelverpackung	141 Doublierwerk 2
104 Siebpartie	105 Abnahme	132 Gebindeverpackung	142 Doublierwerk 3
106 Pressenpartie	106 Pressenpartie	133 Kartonverpackung und Palettierung	300 Steuer- und Regeltechnik
107 Trockenpartie	107 Trockenpartie	300 Steuer- und Regeltechnik	
109 Schlußgruppe	108 Aufrollung	301 Rechentechnik	
110 Ausrüstung	300 Steuer- und Regeltechnik	302 Allgemeine Leistungen*	
111 Vakuumsystem	301 Rechentechnik		
300 Steuer- und Regeltechnik	302 Allgemeine Leistungen*		
301 Rechentechnik			
302 Allgemeine Leistungen*			

---

[137] Von der Verfasserin.

APE 1120	Aufzüge 9100	Wasserturbinen 5111	Wasserversorgung 5000
150 Waage/Fahrzeuge (Kran)	180 Aufzug Packraum PM 1	190 Einlaufschützen	200 Filterbereich
151 Band/Pulper/Rejekte	181 Erdeaufzug PM 1	191 Freifluterschützen	201 Wasserschloß 1
152 Büttenpropeller	182 Lastenaufzug 1 PM 3	192 Rechenreinigung	202 Wasserschloß 2
153 Sortierung	183 Lastenaufzug 2 PM 3	193 Generator	
154 Flotation	184 Lastenaufzug APE Ölkeller	194 Wasserturbine	
155 Cleanerung	185 Aufzug Altwerk	195 Getriebe	
156 Eindickung		196 Ölkühler	
157 Dispergierung		300 Steuer- und Regeltechnik	
158 Stapelung		301 Rechentechnik	
159 Rohrleitungen		302 Allgemeine Leistungen*	
160 Hilfsenergieversorgungsleitungen			
161 Pumpen			
162 Motoren			
163 Chemikalienabfüllung/-lagerung			
300 Steuer- und Regeltechnik			
301 Rechentechnik			
302 Allgemeine Leistungen*			

Restwasserkläranlage 1110		Stromumformung und Verteilung 5112	
220	Abwasserhebewerk PM 3	210	Schaltanlagen
221	Pumpstation zur Abwasserbehandlungsanlage	211	Schaltzellen
222	Zwischenbehälter mit Meßeinrichtungen	212	Trafos
223	Bütte PM 1	213	Verteilungen
224	Havariebehälter		
225	Kesselhaus		
226	Zusatzwasseranlage		
227	Kühler		
228	Rundklärbecken		
229	Schlammentwässerung		
230	Schneckenpresse		
300	Steuer- und Regeltechnik		
301	Rechentechnik		
302	Allgemeine Leistungen *		

* Instandhaltung von Gebäuden usw.

Anlage 6:

Reparaturplan - neu[138]

Stillstand am: 13.12.97

Reparaturplan-Nr.	APE	PM 1	PM 3	RWK
	170236	170237		
Abstellen	7:00 Uhr	8:00 Uhr		
Anstellen	13:00 Uhr	14:00Uhr		

Besondere Hinweise: Anlage vor dem Abstellen stofflich leer fahren.

APE 1120

ausführende Stelle	Baugruppe	Bauteil	Maßnahme	Dauer	Beginn	Ende
9802 VSPT	153 Sortierung	Sortierer 2 u. 4	Entlüftungsleitungen umbinden	5 h	7:00 Uhr	12:00 Uhr

PM 1 2110

ausführende Stelle	Baugruppe	Bauteil	Maßnahme	Dauer	Beginn	Ende
5310 E-Werkst.	106 Pressenpartie	Motor	wechseln	1 h	8:00 Uhr	9:00 Uhr

---

[138] Von der Verfassserin.

XX

Anlage 7:

Anfrageformular[139]

Absender: Muster Papierfabrik	Datum
Musterstraße 1	
99999 Musterstadt	

Adresse:

Anfrage Nr.:   Kundennummer:

Sehr geehrte Damen und Herren,

bitte unterbreiten Sie uns bis zum   ein Angebot für die
folgende Instandhaltungsleistung:

besondere Hinweise:

Mit freundlichem Gruß

Arbeitsvorbereiter

Bitte geben Sie auf Ihrem Angebot die Nummer der Anfrage an!

---

[139] Von der Verfasserin.

Anlage 8:

Auftragsformular für Fremdinstandhaltungen[140]

Absender: Muster Papierfabrik   Datum
                     Musterstraße 1
                     99999 Musterstadt

Adresse:

Instandhaltungsauftrag Nr.:   Kundennummer:

Sehr geehrte Damen und Herren,

hiermit beauftragen wir Sie mit der folgenden Instandhaltungsmaßnahme:

besondere Hinweise:

Termin:
Preis:

Mit freundlichem Gruß

Arbeitsvorbereiter

Anlagen:
Geschäftsbedingungen
Arbeitspapiere

---

[140] Von der Verfasserin.

VIII Literaturverzeichnis

Mustermann, Martin

Interne Mitteilung

Vorliegende Diplomarbeit

Musterstadt 22.08.1997

Mustermann, Martin; Mustermann, Max

Interne Mitteilung

Vorliegende Diplomarbeit

Musterstadt 22.08.1997

Behrenbeck, Klaus Rainer

DV-Einsatz in der Instandhaltung

Erfolgsfaktoren und betriebswirtschaftliche Gesamtkonzeption

Deutscher Universitäts-Verlag, Gabler, Viehweg, Westdeutscher Verlag Wiesbaden 1994

3-8244-6076-9

Bloß, Clemens

Organisation der Instandhaltung

Gabler Verlag, Deutscher Universitäts-Verlag Wiesbaden 1995

3-8244-6185-4

Deutsches Institut für Normung e.V.

Norm DIN 31 051

Beuth Verlag GmbH Berlin Januar 1985

Hinsch, Freimut

Der Instandhaltungs-Berater, Bd. 1, 16. Aktualisierung

Verlag TÜV Rheinland GmbH Köln März 1997

ISBN 3-88585-990-4

Muster Papierfabrik

Arbeitsauftrag

Muster Papierfabrik

Musterstadt Arbeitsauftragsbücher 1994 - 1997

Muster Papierfabrik

Arbeitskarte

Muster Papierfabrik:

Auswertung Arbeitsaufträge

Musterstadt Januar 1996 bis Juli 1997

Muster Papierfabrik

Bedarfsmeldung

Muster Papierfabrik

Bedarfsmeldungsbücher

Musterstadt 1994 - 1997

Muster Papierfabrik; Instandhaltungsunternehmen

Dienstleistungs- und Instandhaltungsvertrag zwischen Instandhaltuangsunternehmen und Muster Papierfabrik

Musterstadt o.J.

Muster Papierfabrik

Handbuch

Musterstadt 12.03.1997

Muster Papierfabrik

Instandhaltungsanalysen

Musterstadt Januar 1996 bis Juli 1997

Muster Papierfabrik

Instandhaltungshandbuch Nr. 1

Musterstadt 13.06.1997

Muster Papierfabrik (Hrsg.)

Muster Papierfabrik

Leipzig o. J.

Muster Papierfabrik

Lageplan

Muster Papierfabrik

Reparaturpläne

Musterstadt Januar 1996 bis Juli 1997

Muster Papierfabrik

Reparaturplan PM 1, APE und Restwasserklärung

Musterstadt 26.08.1997

Muster Papierfabrik

Wareneingangsschein

Muster Papierfabrik

Werstattstunden

Musterstadt Januar 1996 bis Juli 1997

Loss, Hans-Jürgen

Optimierung von Instandhaltungsstrategien durch rechnerunterstützte Betriebsdatenanalyse

und -verarbeitung

VDI-Verlag Düsseldorf 1996

3-18-322-20-2

Musterfrau, Martina

Interne Mitteilung

Vorliegende Diplomarbeit

Musterstadt 10.11.1997

Schmierstoff GmbH

Schmierplan Muster Papierfabrik

Schmierstoffstadt November 1995

Ruthenberg, Rolf; Frühwald, Hansjörg; Frischkorn, Horst; Wilschek, Rolf

Gewinnsteigernde Instandhaltung

Erstmals: Bestellte Maschinenverfügbarkeit zu wettbewerbsfähigen Kosten

Verlag TÜV Rheinland GmbH Köln 1990

3-88585-869-X

Verein Deutscher Ingenieure

VDI-Richtlinie 2895

Beuth Verlag GmbH Berlin März 1991

Voss, Rödiger

Grundwissen Betriebswirtschaftslehre

Wilhelm Heyne Verlag GmbH & Co. KG München 1996

3-453-08797-6

Warnecke, Hans-Jürgen (Hrsg.)

Handbuch Instandhaltung

Instandhaltungsmanagement, Bd. 1

Verlag TÜV Rheinland GmbH Köln 1992, 2. Aufl.

3-88585-822-3

Selbständigkeitserklärung

Ich erkläre, daß ich die vorliegende Arbeit selbständig, ohne fremde Hilfe angefertigt und nur die in den beigefügten Verzeichnissen angegebenen Hilfsmittel verwendet habe.

Mittweida, 05. Dezember 1997

Ramona Seidel
Untere Dorfstraße 21
09661 Grünlichtenberg
Tel.: (03 43 27) 9 29 39

geboren am: 28.07.1974   in: Mittweida
Familienstand: ledig

Studium	Studiengang	Betriebswirtschaft
	Schwerpunkt	Logistik und Produktionswirtschaft
	Hochschule	Hochschule für Technik und Wirtschaft Mittweida (FH)
	Beginn	01.09.1993
	Ende	28.02.1998
	Abschluß	Diplombetriebswirtin (FH)
	Abschlußnote	2,2

Schule	Höchster Abschluß	Abitur
	Schule	Gymnasium Frankenberg
	Abschlußnote	1,9

Praktika	29.08.94 - 13.01.95	Betriebspraktikum in einem Baustoffhandel
	26.02.96 - 12.07.96	Betriebspraktikum im Einkauf eines Kosmetikherstellers

Besondere Kenntnisse

	Fremdsprachen	gute Englischkenntnisse in Wort und Schrift
		Schulkenntnisse in Russisch
		Grundkenntnisse in Französisch
	EDV	Windows 95, Word, Excel, Lotus SmartSuite, Ami Pro

Persönliche Ergänzungen

- Ich arbeite zur Zeit als Konfektioniererin um Geld zu verdienen und kann diese Tätigkeit kurzfristig beenden.
- Modernen Arbeitszeitregelungen stehe ich offen gegenüber.

Gewünschte Tätigkeit

- Meine zukünftige Arbeit sollte im Bereich meines Studienschwerpunktes liegen.
- Es wäre schön, wenn ich bei in der Tätigkeit sowohl mein Verantwortungsbewußtsein als auch mein Organisationstalent einbringen könnte.
- Eine abwechslungsreiche Arbeit, die mich immer wieder aufs Neue herausfordert wäre mir wichtig.
- Ich bin gern bereit, mich in andere mir unbekannte Gebiete einzuarbeiten.

Diplomarbeiten Agentur

Die Diplomarbeiten Agentur vermarktet seit 1996 erfolgreich
Wirtschaftsstudien, Diplomarbeiten, Magisterarbeiten, Dissertationen
und andere Studienabschlußarbeiten aller Fachbereiche und Hochschulen.

Seriosität, Professionalität und Exklusivität prägen unsere Leistungen:

- Kostenlose Aufnahme der Arbeiten in unser Lieferprogramm
- Faire Beteiligung an den Verkaufserlösen
- Autorinnen und Autoren können den Verkaufspreis selber festlegen
- Effizientes Marketing über viele Distributionskanäle
- Präsenz im Internet unter **http://www.diplom.de**
- Umfangreiches Angebot von mehreren tausend Arbeiten
- Großer Bekanntheitsgrad durch Fernsehen, Hörfunk und Printmedien

Setzen Sie sich mit uns in Verbindung:

Diplomarbeiten Agentur
Dipl. Kfm. Dipl. Hdl. Björn Bedey —
Dipl. Wi.-Ing. Martin Haschke —
und Guido Meyer GbR

Hermannstal 119 k
22119 Hamburg

Fon: 040 / 655 99 20
Fax: 040 / 655 99 222

agentur@diplom.de
www.diplom.de

Diplomarbeiten Agentur

www.diplom.de

- **Online-Katalog**
  mit mehreren tausend Studien

- **Online-Suchmaschine**
  für die individuelle Recherche

- **Online-Inhaltsangaben**
  zu jeder Studie kostenlos einsehbar

- **Online-Bestellfunktion**
  damit keine Zeit verloren geht

**Wissensquellen
gewinnbringend nutzen.**

**Wettbewerbsvorteile
kostengünstig verschaffen.**